스타트업 인사이드

카이스트가 바라본 스타트업(II)

스타트업 인사이드

카이스트 기술경영전문대학원 지음

율곡출판사

"스타트업은 고행길이다. 그럼에도 묵묵히 새로운 혁신을 위해 노력하는 스타트업 종사자들에게 이 책을 바친다."

이 책에 참여한 사람들

이덕희(dhlnexys@kaist.ac.kr)

KAIST 기술경영학부 교수 및 기술경영전문대학원장이며 한국은행 자문교수, 한국복잡계학회 이사를 맡고 있다. KAIST 미래경영연구소장, 경제학 부전공 책임교수, IT-MBA프로그램 책임교수, 산업연구원(KIET) 연구위원, 한국은행 객원연구원, 일본장기신용은행 종합연구소 객원연구원을 역임하였다. 고려대학교에서 경제학 학사 및 석사, 뉴욕주립대학교(Buffalo)에서 경제학 박사학위를 취득하였다.

김동윤(kdyoun@kaist.ac.kr)

경북대학교를 졸업하고 KAIST 기술경영전문대학원에서 석사학위를 취득하였다. 한국연구재단 산학협력지원팀에서 연구원으로 재직 중이며 대학 창업교육 활성화, 사회맞춤형 인재 양성 및 산학협력 지원 등의 업무를 담당하고 있다.

김태균(lisa39@kaist.ac.kr, patent@patvis.com)

15 년차 변리사로 한온시스템, 한국발명진흥회, LG 전자, 세림특허법률사무소 등에서 근무했다. 기업의 특허관리 전략, 특허정보 분석에 관심이 많다. 현재 우진특허사무소를 운영하며 스타트업, 제조 분야 중소기업의 특허출원과 특허

전략 수립을 돕고 있다. 한양대학교 기계공학과를 졸업하고 카이스트 기술경영전문대학원에서 공학석사를 취득했다. 저서로는 『스타트업 교과서』, 『스타트업 인사이드』가 있다.

남동균(dgnam@kaist.ac.kr)
연세대학교 응용통계학과, 휴넷 MBA, 카이스트 기술경영전문대학원을 졸업했다. 제조업체와 유통업계에 몸담아 휴대폰 액세서리 브랜드 네고를 창업했다. 현재 LG상사에 재직 중이며 메가트렌드 랩에 칼럼을 기고하고 있다.

신동훈(wkehd7806@kaist.ac.kr)
카이스트 산업공학과를 졸업했다. 현재 한온시스템에서 프로그램 수익성 관리 업무를 담당하고 있으며 동시에 카이스트 기술경영전문대학원 석사과정에 재학 중이다.

오장섭(ojsoym@kaist.ac.kr)
카이스트 산업 및 시스템공학과를 졸업하고 굳페이스에서 서비스 기획 업무를 담당했다. 현재 카이스트 기술경영전문대학원 박사과정에 재학 중이다.

이기준(ryanlee@kaist.ac.kr)
숭실대학교 컴퓨터 학부를 졸업하고 삼성전자 메모리사업부에서 소프트웨어 품질관리 및 개발프로세스 업무를 담당하고 있다. 동시에 카이스트 기술경영전문대학원 석사과정에 재학 중이다.

이래형(0303@kaist.ac.kr)

연세대학교 경제학부, 카이스트 기술경영전문대학원을 졸업하고 현재 동대학원 박사과정에 있다. 한국기업데이터에서 기업신용평가, 기술평가 및 콘텐츠관리 업무를 거쳐 현재 마케팅을 담당하고 있다.

이수정(vivasj@kaist.ac.kr)

한국항공대학교 전자 및 항공전자공학과를 졸업하고, 카이스트 기술경영전문대학원에서 공학석사를 취득했다. 삼성전자에서 5년간 선행연구개발 업무를 담당하였으며, 현재 한국한의학연구원 미래전략실에서 신사업 기획 업무를 담당하고 있다.

이승희(seunghui@kaist.ac.kr)

한국해양대학교 운항시스템공학과를 졸업하고, 카이스트 기술경영전문대학원에서 공학석사를 취득했다. 현재 한국생명공학연구원에서 바이오벤처 창업과 혁신성장전략 기획 업무를 맡고 있으며, 저서로는 『바이오헬스케어 트렌드 : 블루칩』, 『스타트업 교과서』, 『스타트업 인사이드』가 있다.

이원섭(wseop@kaist.ac.kr)

미국 INDIANA UNIVERSITY, BLOOMINGTON 경제학, 카이스트 기술경영 석사 졸업하고 현재 동대학원 박사과정에 있다. 현재 삼성전자 메모리 사업부에서 소프트웨어 개발팀을 거쳐 솔루션 개발실 PMO로서 품질관리 및 개발 프로세스 업무를 맡고 있다. 저서로는 『스마트 테크놀로지의 미래』, 『바이오헬스케

어 트렌드 : 융합의 시대』, 『지금의 디자인』, 『오토테크 트렌드 : 미래 자동차』가 있다.

장지영(schoolsaver@kaist.ac.kr)

연세대학교 건축공학과를 졸업하고 KAIST 기술경영전문대학원에서 공학석사 학위를 취득했다. 금호건설에서 산업 전방의 현장과 생리를 몸소 체험하였고, 그 경험을 바탕으로 기술 사업화로 전문 분야를 전향하였다. 연세대학교 기술지주회사와 자회사 설립 기획을 시작으로 국방과학연구소에서 국방기술의 민수 사업화 기획을 전담하였다. 현재 미래과학기술지주회사에서 하드웨어, 바이오 분야 기술투자 심사역으로 재직 중이며 메가트렌드 랩에 스타트업 및 융합 관련 칼럼을 기고하고 있다.

추천의 글

죽음의 계곡Death Vally을 건너고 다윈의 바다Darwinian Sea를 넘어서라! '죽음의 계곡'은 생명체를 거의 찾아볼 수 없는 미국 네바다주의 황량한 땅으로 아이디어에서 기술 개발, 제품 양산까지의 험난한 길을 의미하고, '다윈의 바다'는 악어와 해파리 떼가 가득해 일반인의 접근이 어려운 호주 북부 해변으로 신제품 양산에 성공하더라도 시장에서 다른 제품과 경쟁하며 이익을 내기가 매우 어려운 상황을 일컫는다. 실제로 대부분의 스타트업들이 죽음의 계곡과 다윈의 바다를 넘지 못한다. 스타트업 실패가 빈번하다 보니 실패 경험을 공유하는 컨퍼런스를 열어 실패를 격려하고 재도전을 응원하는 문화도 생겨났다. 그만큼 부족한 리소스로 새로운 혁신을 만들어내기란 결코 쉽지 않다. 이 책은 성공한 이들만의 이상적인 스토리가 아닌 스타트업 내부로 깊숙히 들어가 진솔한 모습을 그대로 반영했다. 이 책을 통해 죽음의 계곡을 무사히 건너갈 수 있는 인사이트를 얻길 바란다.

펀디드 대표 **왕민권**

들어가는 글

바야흐로 스타트업Start-up의 시대다. 스타트업의 정점을 상징하던 유니콘 기업Unicorn Company : 기업가치가 10억 달러 이상인 비상장 스타트업은 이제 진부한 이야기가 되어 더 이상 우리의 호기심을 자극하지 못한다. 미국의 우버Uber, 에어비앤비Airbnb, 중국의 샤오미Xiaomi와 같은 데카콘 기업Decacorn Company : 기업가치가 100억 달러 이상인 비상장 스타트업이 신화 속에서 등장한 지 이미 오래이기 때문이다. 오늘도 수많은 기업가들이 데카콘을 꿈꾸며 한 손에는 아이디어라는 창을, 또 한 손에는 열정이란 방패를 쥐고 시장이라는 전쟁터에 투신한다. 이 치열한 곳에서 살아남을 확률은 과연 얼마나 될까? 2013년 미국 테네시대학The University of Tennessee의 한 연구 결과에 따르면 미국의 경우 스타트업이 설립한 지 5년이 되면 실패율이 55%에 이른다. 우리나라의 경우는 더 열악하여, 통계청이 발표한 2015년 기준 기업생멸 행정통계에 따르면 스타트업의 5년 생존율은 27.3%밖에 되지 않는다. 하지만 더 큰 문제는 소멸하지 않았다고 해도 지속적인 생존이 보장되지 않는다는 데 있다.

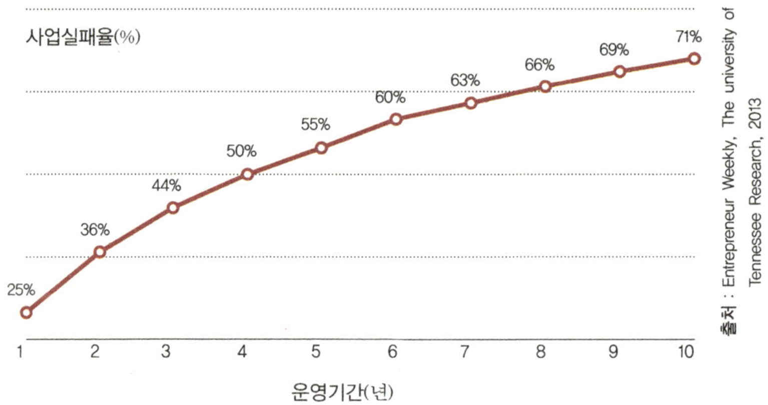

▲ 미국 스타트업의 운영기간에 따른 실패율

실정이 이러한데도 많은 사람들이 스타트업을 꿈꾼다. 이순신 장군이 전투에서 고민한 것처럼 죽음의 두려움을 용기로 바꿀 수만 있다면, 실패는 나의 몫이 아닐 것만 같다. 요즘처럼 창업하기 좋은 때가 없었음에도 불구하고 선뜻 용기가 나지 않는다. 이제 와 생각해 보니 이렇다 할 아이디어도 없다. 나는 정말 창업을 하고 싶은 것일까? 그저 지금 다니는 직장을 그만두고 싶은 것일까? 스타트업을 시작하기도 전에 딜레마에 빠졌다. 이것을 선택하면 다른 기회가 날아간다. 지금 당장의 혁신은 돈이 안 된다. 사람이 필요한데, 괜찮은 사람이 안 보인다. 자금이 필요한데, 지분을 나눠 주긴 싫다. 혼자 하기엔 힘들고, 함께하기엔 잡음이 많다. 기술은 최고인 것 같은데, 시장 반응은 싸늘하다. 이대로 사업을 접기엔 아깝고, 계속하기엔 버겁다. 이래저래 고민은 쌓여가고 시간만 흐른다.

이처럼 스타트업은 수많은 딜레마의 연속이다. 그 불가능한 상황 속에서도 가치를 만들어내는 능력이 결국 생존을 결정한다. 자본의 논리가 치열한 정글 속에서도 보석 같은 가치를 발해야 하는 것이 스타트업의 생명이다. 즉, 스타트업은 가치의 창출, 투자, 혁신이 선순환될 때 생존을 넘어 지속 가능한 성장을 기대할 수 있는 것이다.

시시각각으로 변하는 기업생태계Business Ecosystem 속에서 어떤 선택을 하는 것이 의미가 있을까? 정답은 없지만 주어진 환경 하에서 각자의 스타트업에 맞는 가치와 최적의 해解를 찾아가야 할 일이다.

길게 보면 혁신이라는 것도 앎의 체계를 형성해가는 과정의 집합체이며, 스타트업도 그 속에서 의미를 가질 수 있다. 자기 정체성을 지속적으로 찾아가는 질문의 길이요, 그 해답을 간단 없이 찾아가는 과정의 여정이다. 끊임없이 자기 영역 속에 깊게 들어가는入乎其內 동시에 또 거기서 자유롭게 나올 수 있어야出乎其外 가능한 일이다. 그래서 스스로 성을 쌓아갈 때 그 빛을 발하는 것이다.

이 책은 기업가정신Entrepreneurship과 혁신Innovation을 학습하는 카이스트 기술경영전문대학원 동문들이 모여 스타트업 성공 트렌드에 관해 집필한 책이다. 동문들이 현장에서 경험한 생생한 스타트업 생태계에 관한 이야기를 들려준다. 4차 산업혁명 관련 스타트업과 스타트업 대표 멘토들의 얘기도 함께 엮었다. 현대를 살아가는 동시대 스타트업 준비자들에게 생생한 통찰과 공감의 기회를 제공할 것이다. 모쪼록 카이스트 기술경영전문대학원생들의 소중한 경험과 지혜가 성공적인 창업에 작은 보탬이 되었으면 한다.

2018년 1월

카이스트 기술경영전문대학원장 **이덕희**

차 례

3장 스타트업을 둘러싼 환경

4장 실리콘밸리로부터 배운다

5장 스타트업 대표 멘토링

제4차 산업혁명과 스타트업

1. 초연결사회의 도래
2. 4차 산업혁명을 주도할 미래 기술
3. O2O 스타트업
4. 인공지능 헬스케어 스타트업
5. 자율주행차 스타트업

StartUp

제4차 산업혁명은 O2O[Online To Offline] 세상을 기반으로 한 초연결 · 초지능사회로 진입함을 의미한다. 인간의 다양한 욕구를 최적화시켜 줄 4차 산업혁명은 인간의 삶을 분야별로 세분화해서 나열해 준다. 우리는 세분화된 영역의 현실과 가상의 융합에서 인간에게 새로운 가치를 제공할 사업 기회를 포착할 수 있다. 그렇다면 초연결사회의 특징은 무엇이고 주목해야 하는 기술은 무엇일까? 본 장에서는 이러한 용어와 제4차 산업혁명을 주도할 기술에 초점을 맞춰 살펴보도록 한다.

1. 초연결사회의 도래

사물인터넷[IoT], 클라우드[Cloud] 등 정보통신기술[ICT]의 비약적인 발전과 디지털 기반의 확충으로 사람과 사람은 물론 기기와 사물 같은 무생물 객체끼리도 네트워크로 연결된 '초연결사회[Hyper-connected Society]'가 도래하고 있다.

미국 시장조사기관 스트래티지 애널리틱스[Strategy Analytics ; SA]에 따르면, 2017년 전 세계 스마트폰 사용이 30억 대를 넘어 보급률 44%에 이르고, 2022년에는 59%까지 상승할 전망이다. 인터넷과 연결된 사물(기계, 통신장비, 단말 등)의 수는 2017년 약 280억 개에서 2020년 501억 개로 1.7배 이상의 급격한 증가가 기대되며, 이로부터 2조 달러의 부가가치가 창출될 것으로 예측된다.(CISCO, 미국 IT 분야 리서치 기업 가트너 Gartner, KB금융지주 경영연구소 17 - 45호) 이렇듯 사람이나 사물 간의 연결이 폭발적으로 증가하는 초연결사회는 기업이나 정부를 포함한 어떤 주체도 독자적인 생존이 어렵기 때문에 협업, 투명성, 지식 공유, 권한 분산 등을 통한 개방에 의해서만 경쟁력을 제고시킬 수 있다.(Don Tapscott, 2013)

이에 산업 내에서는 네트워크화된 기계와 정보 등을 활용하여 새로운 혁신과 가치를 창출하고자 하는 노력이 가속화되고 있으며, 기업의 경영 전략에서도 다양한 방법을 통해 다차원적으로 네트워크를 구축하여 새로운 가치를 창출하거나 혁신하는 '전략적인 개방혁신'이 일어나고 있다. 기업은 이를 통해 운영비용 절감과 시장 대응 속도 향상, 부가가치 창출 등의 경쟁력 확보가 가능하며 기업의 글로벌화에도 속도를 낼 수 있게 된다.

기존의 기업들은 경영 전략으로 '수직계열화Vertical Integration'를 추구했다. 수직계열화란 한 제품의 제조 과정에서 필요로 하는 원료를 생산하고 중간원료로 가공하여 최종 제품 판매에 이르기까지 일련의 과정을 하나의 기업 혹은 여러 계열사를 통해 그룹 차원에서 이루어 기업이 상부공급자upstream supplier와 하부구매자downstream buyer 간의 가치사슬을 모두 소유하는 것을 말한다. 예를 들어, 자동차를 생산하는 회사가 자동차 부품부터 완성된 자동차의 물류, 자동차의 판매까지 그룹 차원에서 모두 수행하는 식의 행위를 수직계열화라고 할 수 있다. 제품뿐만 아니라 한 서비스의 전체 라이프 사이클을 하나의 기업 혹은 그룹 차원에서 수행하는 것도 수직계열화라고 할 수 있다. 수직계열화는 원료의 독점으로 원료나 원자재의 가격 변화에 따른 기업 이익 변동성이 작으며,

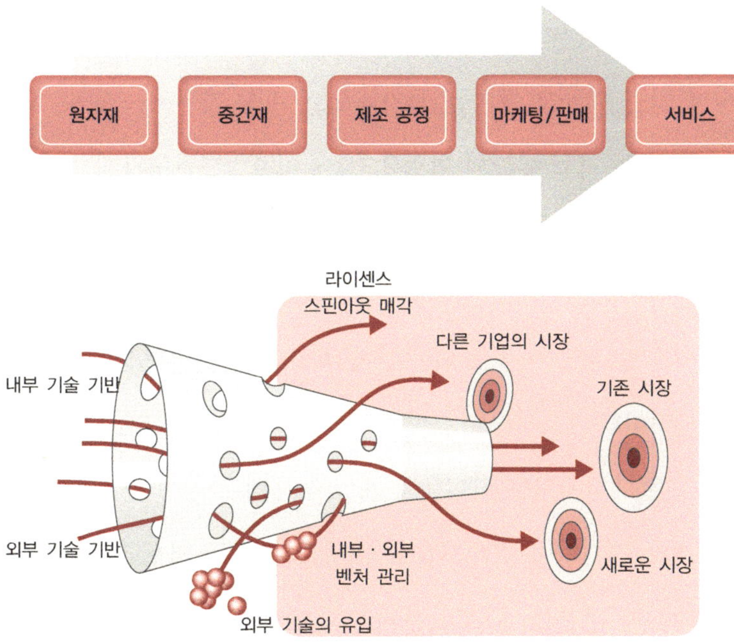

출처 : 강동영

▲ 수직계열화와 개방 생태계

자체적으로 쌓은 노하우와 기술을 보호하면서 공급원과 유통망을 동시에 가지고 있어서 시장 지배력을 키우는 데도 유리하고 경쟁사의 모방을 방지하는 등의 장점이 존재한다. 그러나 후방산업업체에 대한 의존도가 지나치게 높아 후방산업의 업황이 나빠질 경우 연쇄적으로 모든 계열사가 위험해질 수 있다. 또한 수직계열화된 구조는 조직의 유연성이 떨어지고 전 사이클의 각 단계별 내제화에 의한 관리비용이 들게 된다. 기술의 고도화와 높아진 상호연결성과 함께 전 세계가 점점 복잡해지면서 유연성과 속도가 중요한 시대가 되었다. 내부의 힘만으로 해결책을 찾기도, 고도화된 기술에 맞는 대규모 투자를 독자적으로 계속 진행하는 것도 어려워졌다. 이제 기업들 간의 협업은 '선택'이 아닌 '필수과제'이다.

결과적으로 수직계열화는 효율 중심의 경제에서는 경쟁력을 갖춘 전략이었으나, ICT를 기반으로 모든 산업의 경계가 희미해지고 혁신과 창조가 강조되는 초연결사회에서는 적절하지 않은 경영 전략이다.

초연결사회에서는 기업들의 개방 생태계 역량이 중요하다. 개방 생태계는 기업이 가치사슬을 개방하여 외부 자원을 활용함으로써 혁신의 비용을 줄이고 부가가치 창출을 극대화하는 방안을 말한다. 이는 기업 간의 지식 공유와 개발기간 단축 등 새로운 해

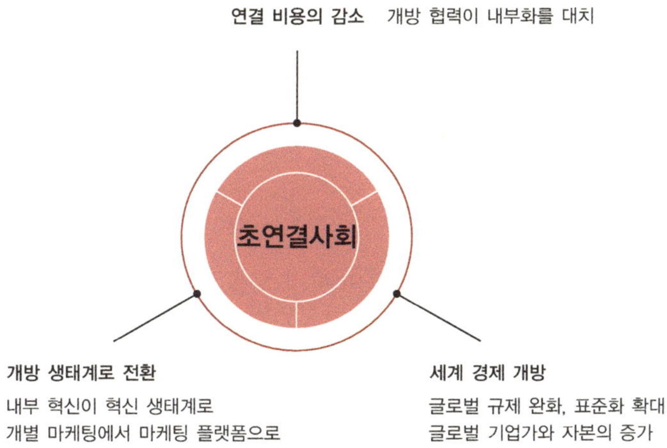

출처 : 「기업가정신 2.0」, 이민화

▲ 초연결사회로 나타나는 현상

법과 패러다임을 제시하는 R&D 분야뿐만 아니라 비즈니스 전 분야로 확산되고 있으며, 산업 간 혹은 경쟁 관계와의 경계가 허물어지는 것은 물론이거니와 B2C[Business to Consumer]나 B2B[Business to Business]를 포함한 소비자와 생산자 간의 경계도 허물어지고 있다.

즉, 초연결사회에서 각 기업은 차별화된 고유의 핵심 역량은 집중하면서, 닫힌 가치사슬에서 개방형 생태계로의 전환이 필요하다.

존슨앤드존슨[J&J]은 '제이랩스[JLABS]'라는 오픈 이노베이션 기지를 통해 120여 개의 바이오벤처를 육성하고 있고, 혁신적인 결과물을 내면 이를 공유한다. 독일 제약사 바이엘은 매년 '그랜츠포

앱스 액셀러레이터Grants4Apps Accelerator'라는 오픈 이노베이션 프로그램을 통해 디지털 헬스케어 분야에서 참신한 아이디어를 가진 스타트업을 발굴해 지원하고 있다.("[K-바이오, 오픈 이노베이션이 살 길이다], 글로벌 제약사 '협업 생태계' 구축", 서울경제, 2016. 11.)

한미약품그룹도 2016년 '한미벤처스'를 설립하고 개방형 혁신을 통해 역량 있는 바이오 벤처, 연구 기관, 학계 등의 다양한 관점과 가능성을 수용해나가겠다는 경영 방침을 확립·발표했다. 한미벤처스는 초기 단계 유망신약 후보 물질 발굴, 신생 제약·바이오 벤처 등의 전략적 투자 등 개방혁신 생태계 조성을 위한 다양한 투자 활동을 펼칠 계획이며, 역량 있는 제약·바이오 스타트업 기업들과 동반성장할 수 있는 기반을 구축해나갈 것이다. 한미약품그룹은 특히 안眼질환과 관련된 투자에 공을 들이고 있다. 2015년 1월 미국 안과전문 R&D 벤처기업인 알레그로Allegro Ophthalmics, LLC에 2,000만 달러를 투자해 지분을 획득하는 동시에 알레그로가 개발 중인 망막 질환 치료 신약인 '루미네이트'의 한국과 중국 시장 개발·판매권을 확보했다. 이번 계약을 통해 당뇨와 항암 분야에 집중된 한미약품의 미래 가치를 안과 영역으로까지 확대할 계획이며, 알레그로는 한미약품과의 협업으로 개발에 가속도가 붙을 것으로 기대된다.

자율주행차량은 인공지능, IT, 완성차, 배터리 기술 등 다양한 기술의 융합과 고도화된 기술력이 필요한 분야이다. 특히 차량의 모든 제어기능이 자동화되는 Level 3 자율주행 기술 도달에는 많은 연구개발 인력과 시간이 필요하다. 높은 기술 수준과 대규모 투자자금이 필요하므로 내부의 자원과 역량만으로 자율주행 기술을 독자적으로 개발하기는 힘들다. 인공지능 분야는 IT 업체가, 이를 차량에 접목하여 구동시키는 기술과 경험은 완성차 업체가 경쟁력을 갖고 있다. 이러한 점에서 완성차-IT 업체 간 개방 협력이 활발하다. 테슬라는 자칫 경쟁업체가 될 수 있는 완성차 업체들이나 여러 배터리 업체들과 전폭적인 협력 관계를 가졌고, 자사가 보유한 충전 기술과 배터리 기술 등을 전 세계에 공유하면서 진정한 개방 생태계를 실현하였다. 테슬라가 창업한 지 불과 4년 만에 전기자동차를 만들 수 있었던 것은 바로 이런 개방 협력 때문이라 해도 과언이 아니다.(ITWorld, 2016. 06.) IT 업계 공룡인 '구글'은 2014년 아우디, 혼다, 제너럴모터스GM, 현대차 등 글로벌 완성차 업체 및 그래픽 업체인 엔비디아와 함께 '열린자동차연합Open Automotive Alliance ; OAA'을 꾸려 커넥티드카 기반 자율주행차 기술 개발에 속도를 내고 있다. 중국 최대 검색 엔진 '바이두'는 2020년 출시를 목표로 창안자동차, 치루이자동차 등 자국 자동차 브랜드뿐 아니라 BMW와 손잡고 자율주행차 개발에 한창이다. 이 외에도 완성차 업체인 'BMW'는 세계 최고 반도체 업체인 인텔, 세계적 자동차 소프트웨어 및 서비스 업체인 이스라엘의 모빌아이와 손을 잡고 2021년 출시를 목표로 고성능 자율주행차 개발 중이며, 완성차 업체인 '포드'는 세계 최대 전자 상거래 업체인 아마존과 제휴하여 자사 인포테인먼트 플랫폼에 아마존의 서비스 플랫폼을 결합하였고, '폭스바겐'은 LG전자의 가전과 연결한 IoT 기반 기술 개발을 진행 중이다.

연구 개발을 바탕으로 한 개방 생태계뿐만 아니라 마케팅도 개방 생태계로 변화하고 있다. 과거 각 기업이 독립적으로 마케팅을 행하던 것에서 마케팅(시장) 플랫폼으로 이동하고 있는데, 시장 플랫폼의 등장 이전에는 세계 시장 개척(마케팅) 비용이 개발 비용보다 많았으나, 아마존, 알리바바, 유튜브, 페이스북 등 다양한 시장 플랫폼을 통하여 글로벌 시장 진입 비용이 획기적으로 감소하고 있다. 플랫폼 서비스는 양면 시장 구조로, '플랫폼'이라는 네트워크를 통해 서로 다른 집단을 연결해 주는 시장을 뜻한다. 글로벌 시장 1위인 '아마존 웹서비스Amazon Web Service ; AWS'는 대표적인 시장 플랫폼으로 컴퓨터 파워, 스토리지, 데이터베이스, 콘텐츠 전송 등 다양한 서비스를 제공하여 스타트업들이 저렴한 비용으로 마케팅이 가능해졌다.

글로벌 규제 완화 및 글로벌 표준 확대도 초연결사회의 현상이다. 관세 인하와 비관세 장벽의 철폐 등과 같은 수입자유화, 해외투자 개방, 글로벌 표준 등은 기업의 세계 시장 진출과 글로벌 기업과의 개방 혁신을 용이하게 해준다.

2. 4차 산업혁명을 주도할 미래 기술

'제4차 산업혁명'은 2016년 1월 20일 스위스 다보스세계경제포럼에서 클라우스 슈밥Klasus Schwab 회장이 제4차 산업혁명The 4th industrial revolution을 언급하면서 물리적 · 디지털 세계와 바이오 세계에 걸친 기술 융합을 핵심으로 한 인류 최대의 산업혁명으로 정의되었고, 전 세계적으로 화두가 되고 있다. 하지만 4차 산업혁명이라는 용어는 이때 처음 등장한 것이 아니라 2010년에 독일의 'High-tech Strategy 2020'의 10대 프로젝트 중 하나인 'Industry 4.0'에서 제조업과 정보통신이 융합되는 단계를 의미하는 단어로 등장하였다. 'High-tech Strategy 2020'이란 독일의 새로운 성장동력을 찾기 위해 범정부 차원에서 수립한 국가 과학기술육성 전략으로, 정보통신기술 도입 및 활용을 통하여 산업 경제 프로세스

전 분야의 국가 경쟁력 강화, 미래 서비스 및 산업 요구사항에 적시 대처, 사회적 당면 과제(기후보호, 식량/건강, 이동, 행정, 정보통신) 해결 및 국민의 삶의 질 향상이 주요 목표이다.(위키피디아, 2017)

2016년에 새롭게 정의된 4차 산업혁명이 2010년에 등장한 'Industry 4.0'을 포괄할 수 있는 더 넓은 의미를 가지고 있다.

'Industry 4.0'은 '제조 기술의 자동화', 즉 '스마트 공장Smart factory'을 만들기 위한 기술에 포커싱되어 있으며, 이를 위해 물리적 프로세스를 모니터링하고 의사결정을 만드는 '사이버 물리적 시스템', '클라우드 컴퓨팅', 'IoT' 등의 기술이 'Industry 4.0'의 기반이 된다.

'제4차 산업혁명'은 데이터에 의해 추동되는 혁명으로, 물리적 · 생물학적 · 디지털적 세계를 빅데이터에 입각해서 통합시키며, 경제 및 산업 등 사회 모든 분야에 영향을 미치는 다양한 신기술과 함께 설명된다. 모든 장소와 사물에 부착된 센서를 통해 실시간으로 수집된 다양하고 방대한 양의 데이터를 활용하거나, 특정한 장소로부터 영상이나 텍스트로 입력된 빅데이터를 네트워크를 통해 수집 · 분석하여 유용한 지식과 정보로 변환하고, 여기에 인공지능 기술을 더하면 무생물이 인간의 영역이었던 분별력 있는 사고를 수행하게 된다. 따라서 4차 산업 혁명의 특징은 '초연

산업혁명의 역사

시기	제1차 산업혁명	제2차 산업혁명	제3차 산업혁명	제4차 산업혁명
핵심 기술	▪ 증기동력 ▪ 증기엔진	▪ 전기 동력 ▪ 전기 신호	▪ 컴퓨터 ▪ 전자통신	▪ 빅데이터 ▪ IoT ▪ 인공지능 등
변화	▪ 생산의 공업화 ▪ 분업화 노동을 기계 노동으로 대체 ▪ 교통/수송혁명	▪ 전기와 컨베이어벨트를 이용한 대량 생산 방법 보급	▪ 정보화 시대 ▪ 자동화 생산시스템 ▪ 컴퓨터 혁명	▪ 인간의 실수 최소화 ▪ 만물의 디지털화 ▪ 초연결사회

결성', '초지능성', '예측 가능성'이라고 할 수 있다.

4차 산업혁명은 인간 고유의 지능적인 일을 대신하는 기술에 기반을 갖고 있다는 점에서 인간의 물리적인 노동에서의 혁명을 가져왔던 과거의 산업혁명과의 차이점을 갖는다. 사물과 사물이 인터넷 통신망으로 연결(초연결성)되고, 초연결성을 통해 수집된 막대한 데이터를 분석하여 일정한 패턴을 파악(초지능성)하며, 분석 결과를 토대로 인간의 행동을 예측(예측 가능성)하기 때문이다.

그럼 제4차 산업혁명을 주도할 미래 기술은 무엇일까? 인공지능AI, 로봇공학, 사물인터넷IoT, 클라우드Cloud, 빅데이터 컴퓨팅, 사이버 물리 시스템CPS, 오감 센싱, 가상·증강현실VR, AR, O2O, 핀테크 등과 같은 차세대 디지털기술과 생명과학기술 등이 주목받고 있다.

① **인공지능** : 인공지능[Artificial Intelligence ; AI]이란, 인간의 지능적인 능력이었던 학습 능력과 추론 능력, 지각 능력, 자연언어의 이해 능력 등을 컴퓨터 프로그램으로 실현한 기술을 말한다.

② **로봇공학** : 사람을 도와주는 로봇[예 : 청소 로봇, 노인 보조 로봇 등]에 의해 사회 전체의 생산성이 올라갈 것이다.

③ **사물인터넷** : 사물인터넷[Internet of Things ; IoT]이란, 모바일, 가전제품, 웨어러블 컴퓨터 등 각종 사물에 센서와 통신 기능을 내장하여 인터넷에 연결하는 기술을 의미한다. 인간의 개입 없이 상호 협력적으로 데이터를 주고받아 스스로 분석하고 학습한 정보를 사용자에게 제공하거나 사용자가 이를 원격 조정할 수 있는 인공지능 기술로, 사물이 인터넷에 연결되어 있기 때문에 해킹의 대상이 될 수 있어 IoT는 보안 기술과 함께 발달하여야 한다.

④ **Cloud** : 흔히 클라우드[Cloud]라고 부르는 것은 클라우드 서비스로, 인터넷상에 자료를 저장해 두고 사용자가 필요한 자료나 프로그램을 자신의 컴퓨터에 설치하지 않고도 인터넷 접속을 통해 언제 어디서나 이용할 수 있는 서비스를 말한다.

⑤ **빅데이터 컴퓨팅** : 빅데이터Big data란 대량수십 테라바이트의 정형 혹은 비정형의 데이터도 포함된 데이터를 말하며, 빅데이터 컴퓨팅은 기존 데이터베이스 관리도구의 능력을 넘어서는, 대량의 데이터로부터 가치를 추출하고 결과를 분석하는 기술이다.

⑥ **사이버 물리 시스템** : 사이버 물리 시스템Cyber Physical System ; CPS이란, 사이버 시스템과 물리 시스템의 통합적 시스템으로 사이버 세계와 오프라인 세계가 네트워킹을 통해 유기적으로 융합되어 서로 소통하며 자동적 · 지능적으로 제어되는 시스템을 말한다. IoT, 에너지 전력망, 교통 시스템, 원격건강 진료 등이 CPS의 적용 대상이 된다.

⑦ **오감 센싱** : 센서 기술 중에서도 특히 시각, 촉각, 청각, 미각, 후각 5가지의 인간의 감각을 선택적으로 포착하여 유용한 신호로 변환, 출력하는 기술이다.

⑧ **가상 · 증강현실** : 가상현실Virtual Reality ; VR은 컴퓨터 등을 사용하여 실제와 유사하지만 실제가 아닌 어떤 특정 환경이나 상황을 인공적으로 만들어내는 기술 혹은 그렇게 만들어진 환경, 상황 자체를 의미한다. 증강현실Augmented Reality ; AR은 가상현실VR의 한 분야로 실제 환경에 가상 사물이나 정보를 합성하여 원래의 환경에 존재하는 사물처럼 보이도록 하는 컴퓨터 그래픽 기법

이다.

⑨ **O2O** : 오투오Online To Offline란, 온라인을 이용해 오프라인으로 고객을 유치하는 각종 비즈니스 방법을 부르는 용어이다.

⑩ **핀테크** : 핀테크FinTech란, 금융Financial과 기술Technology의 합성어로, 금융과 IT의 융합을 통한 금융 서비스 및 산업의 변화를 통칭한다.

3. O2O 스타트업

O2O는 'Online To Offline'의 약어로, 온라인을 이용해 오프라인으로 고객을 유치하는 각종 서비스를 말한다. O2O 용어 자체는 완전히 새로운 것은 아니다. O2O는 스마트폰 보급 확대와 모바일기술의 발달에 힘입어 빠르게 퍼지고 있으며, IoT, GPS, 클라우드, 빅데이터, IoB 웨어러블, SNS 기술의 발달이 온라인 세계를, 서비스 디자인, 3D 프린터, 게임화, 플랫폼, 블록체인 핀테크, 증강 · 가상현실 기술이 오프라인 세계를 최적화시키고 있다.(『기업가정신 2.0』, 이민화) O2O는 이러한 온라인과 오프라인 세계를 최적화시키는 12대 기술혁명과 함께, 시간과 공간, 인간을 융합하는 기술이라고 볼 수 있다. 현재 콜택시, 대리운전, 음식 배달

업, 숙박업, 부동산 중개업 등에서 서비스 산업의 O2O화가 활발히 진행되고 있으며, 퀵서비스 등을 비롯한 운수업과 뷰티 산업, 가사도우미업 등 다양한 영역으로 확장되는 추세이다. O2O 비즈니스 모델은 오프라인 세상을 관찰하여 세분화 후 최적화시킬 수 있는 방안을 찾는 데에서 나온다. O2O 서비스는 일상 서비스, 주기적 서비스, 정보형 서비스 등으로 나누어 볼 수 있는데, 대중 인지도가 높은 O2O 서비스는 대부분 일상을 최적화시켜 주는 서비스이다. 이 분야는 시장 규모가 크다는 장점이 있지만 새로 진입하는 스타트업이 기존 기업과 서비스 품질이 크게 차이 나지 않는다면 플랫폼 규모가 큰 사업자가 유리할 수밖에 없다는 단점도 있다. 대중 인지도가 높은 O2O 비즈니스로는 '배달의민족', '카카오택시' 등이 있다. '배달의민족'은 오프라인 전단지에 의존하던 배달음식 정보와 전화주문을 스마트폰 앱으로 대신할 수 있도록 서

파크히어 | 직방 | 와이퍼

출처 : 파크히어, 직방, 와이퍼

▲ O2O 서비스 사례

비스를 제공한다. '카카오택시'는 스마트폰으로 나의 근처에 있는 택시를 부를 수 있는 콜택시 서비스로 미국의 우버 택시 서비스와 유사하지만, 미국의 우버 택시는 자가용도 개인 기사처럼 이용할 수 있는 반면에 '카카오택시'는 택시업계와 협약을 맺는 등 제도권 내에서 서비스가 운영된다는 차이점이 있다.

'파크히어', '직방', '와이펴'는 정보형 서비스로, '파크히어'는 개별 주차장을 묶어서 관리해 주는 사업 모델로 고객이 원하는 지역의 주차장 정보를 제공해 준다. 현재 서울 지역의 경우 밀집 지역인 강남역, 홍대, 종로와 동대문을 중심으로 주차장을 찾아주는 서비스를 제공하고 있으며, 최근에는 부산 서면과 해운대 지역에도 서비스를 개시했다. 공실률에 따라 주차 가격을 다르게 책정하여 이용자에게 합리적인 가격을 제공하고 있다.

'직방'은 국내 부동산 중개 플랫폼으로, 실제 사진으로 믿을 수 있고 구체적인 매물 정보를 제공해 이용자와 공인중개사 사이 정보 불균형을 해소하는 데 주력해 왔다. '직방'이 기존 유사 서비스와 차별점으로 내세우는 안심매물이나 안심중개소 정책은 온라인 부동산 시장의 신뢰로 이어지고 장기적으로 부동산 거래의 온라인화를 촉진하게 될 것이다. 실제로 직방은 2016년 매출 275억원, 영업이익 10억원을 달성하였고, 2015년 대비 매출 128% 성장, 영업이익은 흑자 전환, 직방 회원 중개사무소는 40% 증가한 전국 1만 3,000여 곳이다. '직방'은 향후 거래 안정성이 보장되지 않은 부동산 직거래 서비스를 종료하고 신뢰할 수 있는 공인중개사 매물 정보만 제공할 계획이다.

'와이퍼'는 고객의 자동차를 손세차장까지 픽업 및 탁송하는 서비스를 제공한다. 세차 대상인 차를 단순 탁송 · 세차하는 것이 아니라 믿을 수 있는 손세차장을 엄선하여 수준 높은 세차 품질관리를 하며, 직접 손세차장에 방문할 때와 같은 비용으로 서비스를 제공하고 있다. 와이퍼는 오프라인과 상생하는 O2O 서비스를 지향함으로써 제휴를 맺은 세차장은 소비자를 추가로 확보할 수 있고, 고객은 고품질의 세차 서비스를 편리하게 이용할 수 있다. 현재 서울 강남구 · 서초구, 분당, 판교 지역에서 서비스를 제공하고 있다.

시장에 자리를 잡은 O2O 서비스들은 확대된 규모를 유지하기 위해 지속적인 사업 확장을 이뤄나갈 것이다. 그리고 그 과정에서 오프라인 유통 채널의 확보를 위한 기업합병도 활발히 이뤄질 것이다. 거대 기업들 간의 치열한 경쟁이 펼쳐지면 기존과 유사한 서비스로는 스타트업 기업들에게 승산이 없을 것이다. 하지만 O2O 시장은 아직 성장 초기 단계이므로 상대적으로 기민하게 시장에 진입할 수 있는 작은 스타트업 기업들에게도 기회는 있다. 오프라인 세상을 최적화시킬 수 있는 비즈니스 모델을 발굴하고 O2O 서비스 시장에서 실패한 기업들로부터 배운 교훈을 기반으로, 안정적이고 다양한 오프라인 제휴업체를 확보할 방안 마련 등의 철저한 사전 준비가 필요하다.

4. 인공지능 헬스케어 스타트업

전 세계 최대 산업은 의료산업이다. 한국의 대표적인 반도체 산업 규모의 20배, 조선산업의 60배가 넘는 규모이다. 6조 달러가 넘는 의료산업은 노령화well-being에 따른 수요의 확대로 더욱 빠르게 성장하고 있다. 이러한 의료산업이 인공지능을 만나서 방대한 양의 다양한 데이터를 인공지능 기술을 활용하여 스스로 학습 · 분석하여 헬스케어 산업에 적용함으로써, 질병 예측 · 맞춤형 치료 등 혁신적인 새로운 고부가가치형 의료서비스를 제공하는 4차 산업혁명의 중심 플레이어로 떠오르고 있다. 시장조사 기관들의 자료에 따르면 인공지능을 접목한 헬스케어 세계 시장 규모는 연평균 40% 이상 성장해 2021년에는 67억 달러를 상회할 것으로 전망된다.

인공지능 헬스케어는 환자, 개인의 다양한 데이터에 기반을 둔 최적화된 의료·건강 관리 서비스 제공으로 의료비 부담 경감 및 건강한 삶의 영위를 가능하게 하고, 웨어러블 기기의 센서 데이터, 의료 데이터, 라이프로그 데이터사람의 생활을 기록한 데이터(예 : 위치정보, 식습관 패턴, 행동 패턴, 사진, 동영상 등 등으로부터 환자와 개인의 다양한 데이터를 수집하여 건강 상태를 분석하고 맞춤형 치료법과 의약품을 처방하여, 치료 효과는 높이고 부작용은 줄여 준다. 또한 미래에 발생할 수 있는 질병을 예측하여 건강 관리 프로그램 추천 등을 통해 질병을 효과적으로 예방할 수 있으며, 환자의 진료 과정에서 발생하는 불필요한 의료행위를 파악함으로써 의료비 절감이 가능하다. 그리고 데이터 기반 상시 건강 모니터링은 환자의 삶의 질을 향상시켜 줄 것으로 예상된다.

전체 인공지능 스타트업의 투자 거래 중에서 헬스케어 분야에 대한 투자 비중은 2011년 11%에서 2015년 15%로 꾸준히 증가하고 있다. 헬스케어에서 인공지능을 활용한 다양한 스타트업의 등장은 산업의 혁신을 촉진하고 시장성에 대한 기대를 높이며 헬스케어 산업의 새로운 고부가가치 창출을 견인할 것으로 전망되고 있다.

국내 인공지능 헬스케어 산업은 현재 초기 시장 도입기 단계

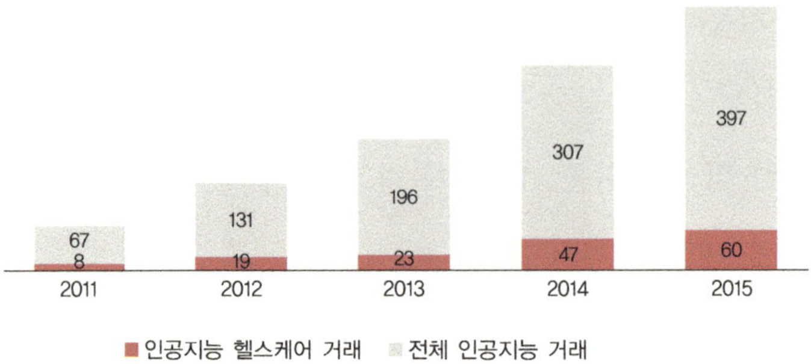

출처 : CB Insights, 2016

▲ 전체 인공지능 거래 vs 인공지능 헬스케어 거래

에 있으며, 소수의 스타트업을 중심으로 영상 인식, 신약 개발 등의 사업을 추진하고 있다. '셀바스 AI[Selvas AI]'는 문자 인식과 음성 인식, 음성 합성이 전문 분야인 기업으로 문자나 음성의 인식률을 높이기 위해서 인공지능에 관심을 갖기 시작하였다. 이후 축적된 머신러닝 기술력을 바탕으로 스마트 헬스 플랫폼인 '셀비 프레딕션[Selvy Prediction]'을 개발하였으며, '셀비 프레딕션'을 기반으로 음성 의료 정보를 분석, 즉 의사와 환자 간 대화[음성]를 텍스트로 전환하는 지능형 의료녹취 시스템인 '셀비 메디보이스[Selvy Medi Voice]'서비스를 개발하였다. 이는 의무기록 시간을 줄여줌으로써 의사가 환자와의 대면 시간을 늘릴 수 있게 되고 환자의 만족도를 증대시킬 수 있게 도와준다. 또한 세브란스 헬스 IT 산업화 지원센터와 공동연구를 통해 개인의 건강검진 기록을 분석하여 폐암, 간암 등 주요 6대 암 발병 위험을 비롯한 성인병의 3년 이내 발병 확률을 예측해 주는 '셀비 체크업Selvy Checkup'이라는 인공지능 기반 질병 예측 서비스를 개발하였다. '뷰노Vuno'는 머신러닝 기반의 AI 기술로 의료 솔루션을 개발하는 기업으로 국내 인공지능 헬스케어 분야의 대표적인 기업으로 꼽힌다. 뷰노는 자체 개발한 머신러닝 엔진인 '뷰노 넷Vuno Net'을 통해 다양한 의료 솔루션을 만들고 있으며, 이 가운데 대표적인 솔루션으로 폐암을 진단하는 소프트웨어인 '뷰노메드VUNO-Med'가 있다. 그 외 의료영상 인식 및 딥러닝 개발 알고리즘을 통해 환자들의 CT 사진과 진단 데이터를 모아 스스로 폐암 진단을 학습하는 기술을 개발 중이다.

'루닛Lunit'은 딥러닝 기술을 기반으로 한 의료영상 진단 서비스 기업이다. 딥러닝 모델을 대량의 의료 데이터로 학습시켜, 사람의 시각만으로는 한계가 있었던 기존 의료영상 판독의 정확성과 객관성을 높일 수 있는 핵심 기술 개발을 통해 의사가 환자를 더 정확하게 진단할 수 있도록 도와주는 데 초점을 맞추고 있다. 특히 의료영상 기반 진단 중에서도 폐암, 유방암과 같은 중요 질환을 조기에 정확하게 발견하기 위한 조기진단용 영상과 병리영상 분야에 집중하고 있다. 루닛은 국내의 서울대병원, 아산병원, 삼성병원, 세브란스병원을 비롯하여 미국의 UCSF, MD Anderson과 같은 최고 수준의 병원과 긴밀히 협력하며, 신뢰할 수 있는 데이터를 수집, 전문의와 함께 의료 데이터 활용에 관하여 연구하고, 의학적 효용성을 객관적으로 입증하기 위해 협력 병원들과의 임상연구를 가속화하고 있다.

'스탠다임Standigm'은 인공지능과 시스템 생물학 기술을 통해 신약 개발 과정 개선과 신약 개발의 성공 확률을 높이는 '스탠다임 솔루션'을 개발하는 스타트업이다. 약물 구조 · 단백질 · 세포 · 유전자 등을 분석해 신약 가능성을 도출하고 빅데이터를 활용해 약물과 질병과의 연결고리를 예측하고, 약물이 어떤 경로를 통해 어떤 작용기전으로 질병 치료의 가능성을 나타내는지를 찾아낸다.

이러한 비즈니스 외에도, 다양한 종류의 웨어러블 센서를 이용해 혈당량, 맥박, 땀, 체온 등 건강 정보를 수집하여 맞춤형 헬스케어 서비스를 제공하는 비즈니스, 영상 인식을 통한 환자의 의약품 복약 모니터링, 노약자 모니터링을 통한 헬스케어 및 위급상황 시 병원 · 보호자에게 자동 알림 서비스 등이 새로운 시장 기회가 될 것이다. 또한 개인의 진료 기록과 생활습관 정보 등의 데이터에 인공지능 기술을 적용하여 개인별 의료 서비스를 제공할 수도 있고, 보험산업에서는 가입자의 다양한 데이터를 활용하여 보다 정밀한 보험료 산정이 가능하며, 가입자의 보험금 사용 패턴 분석으로 보험금 부당 유용 확인 · 방지가 가능해져 보험산업의 재정 건전성 또한 높아질 것이다.

인공지능 헬스케어 분야에 있어 핵심은 신뢰할 수 있는 의료 데이터 확보와 분석이다. 그중에서 특히 데이터 확보가 중요하다. 이를 위해 병원 · 의료인과의 협업이 필수적이며, 헬스케어 서비스에 대한 고객의 관심도 지속적으로 유지하여야 한다.

5. 자율주행차 스타트업

자율주행 자동차 개발에 스타트업이 몰려들고 있다. 파이낸셜 타임스에 따르면 2017년 들어 자율주행 분야 스타트업은 매일 한 개꼴로 등장하는 추세이다. '자율주행 자동차Autonomous Car'란 운전자가 차량을 조작하지 않아도 스스로 주행하는 자동차를 말한다. 완전한 단계의 자율주행 자동차는 운전자의 개입 없이 주변 환경을 스스로 인식하고 주행 관련 위험 요소를 미리 판단 · 대응하며, 목적지까지의 경로를 계획, 추종하기 위한 감시, 가 · 감속, 조향 등 제어를 자동화하여 운행하며 돌발상황에 대한 상황판단까지 담당하면서 안전한 주행이 가능하다.

자율주행 자동차는 기본적으로 '인지-판단-제어'의 3단계를 거쳐 작동하게 된다. 먼저 '인지'는 센서, 카메라, 외부 네트워크와의 통신을 통해 스스로 위치를 파악하고 교통 · 장애물 등 주변 상황을 인식하는 단계이고, '판단'은 이러한 정보를 통해 주행 상황을 판단하고, 장애물, 교통신호 등을 반영해 적절한 주행 경로를 산정한다. '제어'는 '판단'을 통해 하달된 명령을 물리력을 통해 실행하는 단계이다. 이러한 과정들은 일반적인 수준 이상의 정밀성이 요구된다.

자율주행은 미국 도로교통안전국National Highway Traffic Safety Administration ; NHTSA 기준에 따라 자율주행 기능이 전혀 포함되지 않는 Level 0을 제외하면 크게 4단계로 구분된다. 유럽은 국제자동차공학회SAE International가 분류한 자율주행 단계를 적용한다. 이는 Level 0~Level 5로 구분되며, Level 0~3은 미국 NHTSA 기

	[Level 0]	[Level 1]	[Level 2]	[Level 3]	[Level 4]
	No-Automation	Function-Specific Automatio	Combined Function Automatio	Limited Self-Driving	Full Self-Driving Automatio
설명	주행 보조 장치 없음	단일 주행 보조 기능	복수의 주행 기능 융합 보조	제한적 자율주행	안전한 자율주행
예시		크루즈 컨트롤, 긴급제동, 차선 유지	차선 유지, 적응형 크루즈 컨트롤	자율 운전, 위급상황 시 운전자 개입	모든 환경에서 자율주행 가능

출처 : NHTSA

▲ 미국 NHTSA 기준 자율주행 단계

준 Level 0~3과 거의 유사하게 매칭되고 Level 4~5는 NHTSA 기준 Level 4와 매칭할 수 있다. NHTSA 기준으로 자동주행이라 함은 2단계Partially Automated 이상을 의미하고, 완전한 의미의 자율주행 자동차는 4단계이다. 0~3단계까지는 ADASAdvanced Driving Assistance System를 활용하는데, ADAS는 전자 제어 기술을 기반으로 운전 프로세스를 자동화하여 적절한 개입을 통해 운전자를 지원하는 편의 및 안전 시스템을 말한다.

현재 대부분의 자율주행자동차는 자율주행 2단계 수준으로 평가된다. 상업적인 용도로 쓰이는 3단계 이상의 자율주행 자동차는 보행자를 위한 옥외 셔틀버스 정도인데, 시속 20km의 속도로 운행된다. 일반적인 승용차 기준으로 상용화를 위해서는 이

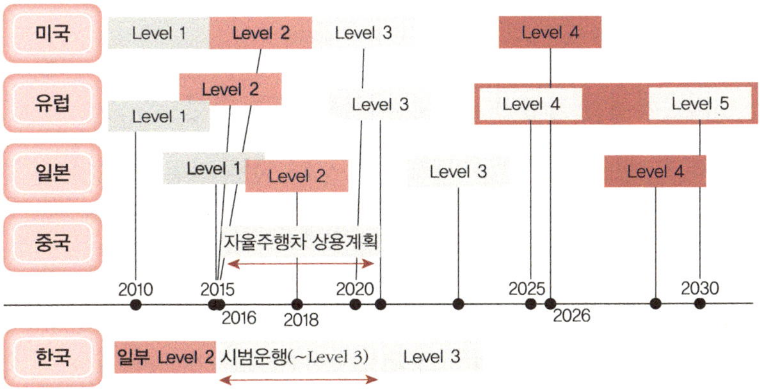

▲ 주요국 자율주행차 기술 개발 로드맵

보다 진보된 형태의 자율주행 자동차가 필요하다. 대부분의 예측 기관에서는 2025년이면 4단계 자율주행 자동차를 위한 기술적 기반은 완성된다고 전망하고 있으며, 주요국의 정부 정책 또한 2025~2030년 사이에 자율주행 4단계를 완성한다는 목표를 나타내고 있다.

대부분의 자동차 회사와 국가에서 자율주행 3단계까지는 어렵지 않게 도달이 가능하나, 4단계부터는 다양한 외부 환경에서도 주변 상황을 정확히 인지할 수 있는 센서 기술과 복잡한 교통 환경 속에서 정확한 판단을 위한 정교한 알고리즘, 정확한 위치 파악을 위한 정밀하고 업데이트된 지도 데이터, 보안을 위한 해킹 방지장치 기술, 그리고 차량 테스트와 출시 과정, 주행 시 기존 법규에 가로막히지 않도록 외부적인 법규 및 규제 정비 등의 과제가 해결돼야 한다.

지금까지의 자동차 시장은 자본력 있는 완성차와 부품업체가 주도했지만, 자율주행차 시장은 완성차, 전통적인 부품업체뿐만 아니라 내부의 소프트웨어, 센서, 인포테인먼트 스타트업들에게 신사업 기회를 가져다 줄 것으로 보인다. 자율주행 핵심 기술인 자율주행 시스템 알고리즘, RADAR, LIDAR, 카메라 등 인지 장치들과 컴퓨터, 무선 하드웨어, 지도, 자율주행차 해킹 대응 솔루션뿐만 아니라 자율주행 시험 환경을 제공하기 위한 3D 시뮬레이터, 각종 애플리케이션Application 산업의 성장이 예상된다.

또한 자율주행차는 카 셰어링을 유도하고 교통 흐름을 개선하며, 주행과 관련된 잡무를 경감시킴에 따라 운전자가 차량 내부에서 휴식 · 업무 등을 가능하게 한다. 2016년 서비스를 시작한 우버와 2018년 소형차 형태의 상업용 셔틀 서비스 론칭을 계획하고 있는 바이두Baidu와 같은 카 셰어링 서비스나 주차장, 전기차 충전소 공유, 자율주행차 렌터카 서비스를 비롯한 공유경제 관련 서비스 산업의 가능성에도 주목해 볼 수 있다. 자동차는 단순한 이동 수단이 아닌 공간으로 개념이 바뀌게 되며 사용자는 자율주

출처 : KIA CONCEPTS SEMA 2016

▲ 자율주행차의 바뀐 공간 개념

행차 내에서 콘텐츠 소비, 엔터테인먼트, 헬스케어 진단, 업무 수행 등의 활동이 가능해진다. 구글Google, 바이두, 애플Apple과 같은 거대 IT 업체의 텔레매틱스 플랫폼을 활용한 콘텐츠 제공, 위치 기반 서비스 등과 운전자의 운전 행동 분석 서비스, 차량의 인포테인먼트 시스템을 활용해 차량으로 이동하면서 업무 처리를 할 수 있도록 자동차를 사용자의 사무실과 연결해 주는 서비스, 사용자들의 자율주행차 내 경험을 빠르게 파악하여 개인 맞춤형 서비스를 제공하는 비즈니스에도 가능성을 생각해 볼 수 있다. 또한 자동차가 단순한 이동 수단이 아닌 '공간'의 개념으로 바뀌며, 자신만의 공간을 꾸미고자 하는 니즈가 생길 것이다. 자율주행차에 특화된 내부 인테리어 및 디스플레이, 조명, 편의용품을 판매하는 애프터 마켓에도 신사업의 기회가 있을 것이다.

지금의 스타트업

1. 최적의 팀 구성—신뢰의 YB + OB

2. 실패가 두렵지 않다—린 스타트업과 MVP

3. 우리, 다시 시작할 수 있을까?—3전 4기 재창업

2

StartUp

1. 최적의 팀 구성—신뢰의 YB + OB

창업 팀을 구성하는 일은 사실 생각만큼 쉬운 일이 아니다. 일반적으로 친구, 선후배, 동료, 가족 등과 자연스럽게 사업 아이디어와 기획에 대한 이야기를 나누다 비전을 공유하고 지지하며 창업 팀을 구성하는 경우가 많으며, 대부분 비슷한 수준의 지식과 경험, 연령을 보유한 또래끼리의 구성이 자연스럽게 이루어지는 경우가 많다.

또한 실제 부족한 역량을 채우기 위하여 구인 공고를 내는 경우도 있으나 이는 인지도가 낮고 자원이 부족한 스타트업에서는 효과적이지 못한 방법이다. 이를 위해 국내·외 공유공간co-working space은* 공간을 공유하여 가치를 증대시키는 것 외에도 다양한 소통을 통해 적절한 팀원 섭외를 지원하는 중요한 역할도 맡고 있

* 공유공간(co-working space) : 공유경제(共有經濟, 영어 : sharing economy)는 물품을 소유의 개념이 아닌 서로 대여해 주고 차용해 쓰는 개념으로 인식하여 경제활동을 하는 것인데 현재는 "물건이나 공간, 서비스를 빌리고 나눠 쓰는 인터넷과 스마트폰 기반의 사회적 경제 모델"이라는 뜻으로 많이 쓰인다(위키백과). 이러한 공유경제의 개념 중 공간을 공유해 제한된 자원을 효율적으로 쓰고 그 공유공간 안에서 일어나는 시너지 효과를 노리고자 한 것이 코워킹 스페이스다. 일정한 공간 안에 하나의 테이블을 두고 시간을 정해 여러 사람이 공유해서 쓰거나 유동적으로 활용하는 사무실을 의미한다.

다. 중국의 처쿠車庫 : 차고하우스 및 베를린의 베타하우스 등뿐 아니라 우리나라의 공유공간 등에서도 팀 구성을 목적으로 하는 자연스러운 소통 프로그램 및 게시판 등을 운영하여 효과적인 팀 빌딩을 유도하고 있다.

진정한 최적의 팀 구성은 어떻게 해야 할까? 사실 이 질문은 "그때그때 달라요"가 정답이다. 사업의 아이템과 성장 시점에 따라 필요한 팀원과 그 역량이 달라지기 때문이다. 그러나 최근에는 세대 차이를 뛰어넘은 쉽지 않은 팀 구성을 하는 스타트업들의 사례가 늘어나고 있다. 여기에는 어떠한 시너지 효과가 있을까? 젊음의 아이디어와 기획력, 그리고 추진력과 함께 연륜의 영업력, 업계 생리에 대한 전문적 이해가 통합되어 하나의 스타트업이 된다면 이것은 매우 강력한 팀 구성이 될 수 있다. 또는 최근 젊은 개발자들이 많이 참여하고 있는 IT와 AI 분야의 기술과 이를 적용할 수 있는 의학, 역학, 금융 등 분야의 베테랑 전문가의 기술성이 보완된다면 매우 높고 강력한 진입장벽을 갖게 된다고 할 수 있다. 실제로 젊은 개발자와 연륜의 금융전문가가 함께 팀을 이루어 창업한 탱커펀드는 시니어와 주니어의 파워풀한 팀 구성의 대표적인 사례라 할 수 있다.

사례 탱커펀드—시니어와 주니어의 파워풀한 팀 구성

(주)탱커펀드는 '전문가들과 함께하는 안정성 높은 P2PPeer to Peer : 개인들 간 직접적인 거래 및 정보교환 투자' 기회를 투자자에게 제공하고, 기존의 금융 시스템에서 자금을 원활히 공급받지 못하던 대출자들에게는 대출 기회를 제공해 금융의 혁신과 유연화, 간편화를 목표로 설립된 P2P 기업이다. 탱커펀드는 임현서 대표와 2015년 창조경제대상을 수상한 이종찬 기술이사 등 카이스트 전산과 출신의 핵심 개발진들과 전 신한은행 부행장인 최상운 이사, 전 한미글로벌 전무 김규현 이사를 비롯한 시중은행, 투자은행, 저축은행 출신 금융 전문가로 구성되어 기업의 신뢰성을 높이고 있다. 임현서 대표는 "전문성을 바탕으로 각종 담보제공으로 투자 안정성을 높인 상품만을 취급하며 투자자 보호를 위한 안전장치 마련을 최우선 목표로 탱커펀드를 운영하고 있습니다"라고 설명했다.

출처 : 탱커펀드

▲ 탱커펀드 팀 구성

2016년을 맞이해 탱커펀드는 안전한 투자상품을 출시하기 위해 노력하고 있다. 임현서 대표는 "아직 P2P 대출시장은 미성숙하고, 투자자가 여러 리스크를 감수해야 하기 때문에 요구수익률도 높습니다. 이러한 가운데 투자자들의 요구수익률을 충족시키는 동시에 담보를 통한 채권보전방안 등 안전장치를 확보하는 것은 대단히 어려운 일입니다"라고 말했다. 이런 상황에 탱커펀드는 '자동차 50대 근저당 담보대출'이라는 플랫폼을 출시해 상품의 안전성을 높이고 있다. '자동차 50대 근저당 담보대출'은 1억원을 서울 소재 렌트카 업체에 대출해 주고 투자자는 12%의 연 수익을 올릴 수 있는 상품이다. 전국에 영업소를 설치해 영업망을 갖춘 렌트카 업체에게 사업 확장, 시설 확충에 필요한 비용을 대출해 주고 업체 보유 자동차 50대에 근저당을 설정하는 것이다. 이종찬 기술이사는 "K5, 벨로스터, LF쏘나타 등 비교적 최근 연식 차량은 중고차 시장에서도 활발히 거래되고 있고, 500만원에서 1,000만원까지 높은 가격에 매매가 이루어지고 있으므로 채무불이행을 대비한 적절한 채권 회수대책이 확보된 상품입니다"라고 설명했다. 이어 임현서 대표는 "차량 50대를 묶어 공동담보를 설정해 1억 3천만원의 채권최고액 내에서 일부 차량만 처분하더라도 원리금을 회수할 수 있어 안정성이 높은 상품으로 평가되어 매우 짧은 시간에 투자모집이 완료되었습니다"라고 언급했다.

탱커펀드는 이미 5억원 규모의 대출상품에 대해 투자모집을 성공적으로 완료했다. 임 대표는 "플랫폼 초기인데도 믿고 투자해 주신 투자자분들의 소중한 투자금을 모아 이룬 결과이기에 의미가 깊다고 생각합니다. 또한 명망 있는 전문가들이 직접 심사하고 상품을 출시한다는 것에 대해서 긍정적으로 생각해 주시는 분들이 많습니다"라고 말했다. 그의 말대로 탱커펀드는 시중은행을 비롯한 제도권 금융에서 오랫동안 근무해온 경력을 가진 전문가들과 젊은 개발자들이 한 팀을 이룬 핀테크 회사로 많은 투자자에게 긍정적인 이미지를 주고 있다.

출처 : "안정성 높은 탱커펀드만의 P2P 플랫폼을 제공하겠습니다", 이슈메이커

그러나 강력하게 좋은 무엇인가를 얻어내기 위해서는 많은 어려움이 있고 큰 기회비용이 드는 것이 일반적인 인생의 이치이다. 마찬가지로 사실 세대 간의 소통과 화합 문제는 사회뿐 아니라 가족 안에서도 해결하기 쉽지 않은 문제이다. 이를 난관과 모험이 많은 스타트업에서 효과적으로 팀 빌딩부터 사업을 추진 · 운영하며 수행하기란 진심으로 쉬운 일일 수 없다. 이를 위해서는 각각이 가진 역량과 능력을 존중하여 상호 간의 역할분담을 명확히 수행하여야 한다. YB[young boy : 젊은 세대]는 본인의 역할에 충실함과 동시에 나이에 따른 수직적 문화를 만들어낼 필요는 없으나, 한국의 장유유서[長幼有序] 문화를 존중하여 혹여 생길 수 있는 감정상 문제에 유연하게 대비할 필요가 있다. 마찬가지로 OB[old boy : 중년세대] 역시 창업 팀 구성에 있어 부여된 역할에 최선을 다하여야 하며, 기존의 경험을 쌓아오던 조직 문화에서 과감히 탈피하려는 노

력이 필요하다. 창업 팀은 각각의 역할이 대규모 조직에 비해 매우 중요하므로 지시하고 따르는 문화가 아닌 스스로 주어진 일을 책임져야 한다는 생각과 나이가 어리더라도 YB의 역량을 존중하는 수평적 문화에 대한 연습과 도전정신, 그리고 유연한 사고방식이 필요하다. 또한 이러한 상호 존중을 이루어 내기 위해서는 기본적으로 각각의 담당 영역에 대한 존중과 서로의 역량 및 인간에 대한 깊은 신뢰가 바탕이 되어야만 한다. 그러기 위해서는 가치관과 비전의 공유가 필수적이며, 또 이를 위해 깊은 소통 역시 꼭 필요하다. 이러한 신뢰의 중요성은 네이버와 한게임의 합병 당시 이해진 대표와 김범수 대표와의 소통과 신뢰에 대한 일화를 통해서도 확인할 수 있다.

사례

한게임과 네이버의 합병
— 팀의 성공에 강력한 요인 '신뢰'

한게임과 네이버의 합병은 국내 비즈니스 역사상 가장 성공적인 M&A 사례 중 하나로 꼽히고 있다. 요즘은 해외 유수의 비즈니스 스쿨에서도 사례 연구를 위해 찾아오는 경우가 많다. 세계적으로도 성공 모델로 검증받은 듯해 뿌듯할 뿐이다.

지난 2000년 초 한게임은 회원 1,000만 명 돌파를 목전에 두고 있었다. 그러나 속으로는 애가 탔다. 회원은 기하급수적으로 늘어갔지만, 시스템이 급속한 성장세를 뒷받침하지 못하면서 절박한 위기상황에 직면해 있었다. 업계 4위인 네이버 역시 100억원대의 투자를 유치했지만 수익 모델의 부재로 고민하고 있었다.

이해진 NHN 전략담당 부사장(전 NHN 공동대표)과의 인연이 다져진 것도 이때쯤이다. 당시 네이버컴을 경영하고 있었던 이 부사장과는 삼성SDS연구소 입사 동기로 처음 인연을 시작했지만 이후 인터넷 비즈니스에 대한 뜻이 맞아 자주 만났다. 게임과 검색이라는 두 모델을 두고 누가 먼저라고 할 것도 없이 자연스레 합병 그림을 그리기 시작했다.

합병이 순탄하게 이뤄진 것만은 아니다. 당시 한게임과 네이버는 각각 커다란 사업적 변화를 겪고 있는 상태였다. 알려진 것처럼 네이버는 당시 거대 브랜드였던 새롬기술과의 합병을 발표했다. 한게임은 어떠했는가. 막대한 자본의 투자 제의를 받아 놓은 상태였으며 더 나은 위치의 포털과의 결합도 고려해 볼 수 있는 상황이었다.

직원 설득도 난제였다. "인터넷보다 게임 비즈니스가 더 비전 있다"며 반발하는 직원들에게 합병의 당위성과 시너지 효과를 설득하는 작업이 선행돼야 했다. 이제까지 사업을 운영하면서 직원들에게 최고경영자CEO의 의지임을 강조하면서 신뢰를 호소한 적이 단 두 번 있었는데, 한 번이 이때였다. 디지털 시대에는 0과 1만이 존재할 뿐이고, 인터넷 업계에서 넘버원이 되지 않고서는 생존할 수 없다고 단언했다.

원래 네이버와 새롬의 합병에는 한게임이 함께하는 모습이 그려져 있었다. 그러나 새롬기술이 이를 받아들이지 못하면서 네이버와 새롬기술 간 합병이 결렬됐다. 그 대신 네이버와 한게임은 두 업체가 중심이 되는 '역사적인' 합병을 발표했다.

당시 촉망받는 기업이었던 새롬기술과의 합병을 통해 탄탄한 자금을 확보하는 것이 안정적인 비즈니스를 보장해 주는 길이지 않냐는 의견도 많았다. 그러나 게임을 중심으로 한 거대한 커뮤니티와 국내 최고의 검색기술을 확보하고 있는 네이버, 각각의 경쟁력이 언젠가는 빛을 발할 것이라는 것을 우리 두 사람은 굳게 믿고 있었다. 합병으로 이해진 사장과의 신뢰는 더욱 두터워졌고 기대와 예상은 적중했다. 두 회사의 만남이 가져올 폭발적인 시너지는 멀지 않은 미래에 있었다.

두 서비스의 결합이 성공 사례가 될 수 있었던 것은 무엇일까. 적절한 서비스와 시장전략도 주효했고 직원들의 노력도 빠질 수 없다. 그러나 무엇보다 나와 이 부사장과의 두터운 신뢰 관계가 큰 성공 요인이었다고 본다. 두 최고경영자의 신뢰는 곧 양사 직원들의 융화와 조직 관리에서도 빛을 발하기 시작했다. 이해진 부사장은 지난 3년 5개월간 공동대표 체제를 유지하며 사업을 이끌어 간 나의 가장 중요한 사업 파트너이자, 친구이자, 조언자이다.

출처 : "[결단의 순간들] 김범수 NHN 사장", 전자신문

2. 실패가 두렵지 않다 — 린 스타트업과 MVP

가. 린 스타트업Lean Startup

"린 스타트업의 의미"—프라이머 권도균 대표

린 스타트업은 기본적으로 "내가 가진 것(아이디어든 계획이든)은 실험하지 않은 가설일 뿐이다"라는 것에서 출발합니다. 따라서 나의 가설이 사람들에게 반응하는지를 확인하는 것이 '린 스타트업'이라고 할 수 있습니다. 따라서 MVPMinimum Value Product : 최소 기능제품, 최소종속제품도 가설만을 확인하는 정도의 수준이면 충분합니다. 흔히 우리나라의 학생 창업들 경우 이에 대해 큰 의미를 부여하여 완제품 수준을 구현해 보고자 애쓰면서 MVP를 만드는 것이라고 하는 경우를 종종 볼 수 있습니다만, 이는 린 스타트업과는 다른 성격입니다. 나는 프라이머에서 스타트업을 엑셀러레이팅Acceleratoring : 인큐베이팅이나 액셀러레이팅 모두 스타트업(특히 초기 단계)을 지원하는 관점의 프로그램이지만 인큐베이팅은 공간이나 설비, 업무 보조 등 하드웨어 중심의 지원이고 액셀러레이팅은 조금 더 집중적이고 체계적으로 창업의 지식과 경험, 비즈니스 인사이트를 알려주는 등 소프트웨어 중심의 지원하기 위하여 지원하는 엔턴십Enternship : Entrepreneur + Internship의 합성어, 국내 유명 엑셀러레이터 기업인 프라이머가 기획 · 설계한 액셀러레이팅 프로그램으로 창업 인턴 프로그램에 대하여 대략 5천만원을 절약할 수 있는 방법이라고 말합니다. 왜냐하면 실제 사업을 시작해서 '성공 불가능'을 인지하고 다시 피벗하는 데까지 들어가는 비용이 대략 5천만원 정도인데 우리 8단계의 프로그램을 수행하는 데에는 약 10만원가량 정도밖에 들어 가지 않기 때문입니다. 이 엔턴십 프로그램은 '첫인상평가/조직 → Kickoff킥오프 미팅(Kick-off meeting) : 프로젝트 팀과 고객이 처음 갖는 모임(미팅). 통상 그 프로젝트와 기타 프로젝트 계획 입안에 필요한 기본 요소들을 확정.(위키백과) → 팀 빌딩 → 가치제안 캔버스/고객검증 → 랜딩 페이지/측정 → 피칭 DeckPitching Deck Presentation : 야구의 '던지다(pitch)에서 온 단어로 아이디어나 사업 아이템, 비즈니스 모델, 상품 등을 투자자들에게 "던지는" 프레젠테이션을 피칭이라 부름. 주로 투자금 유치를 위해 활용되며, 이러한 투자 유치를 위해 power point template를 많이 쓰는데 이러한 일정 양식을 갑판(Deck, 데크)이라고 해서 붙여진 용어 → 발표/모의 투자' 의 8단계로 이루어져 있으며 2012년 시작해서 현재까지 약 16,000명 가량이 참여한 프로그램입니다. 최종 단계까지 가능한 경우는 이중 약 20% 정도밖에 되지 않습니다. '최대한 가볍고 싸게 시장에서 검증해 보는 것', 이것이 린 스타트업입니다.

(2017.2.21.)

린 스타트업Lean Startup은 새로운 아이디어가 나오고 계획이 세워지면 최소한의 제품을 빠르게 출시하여 고객들의 반응을 본 후, 지속적인 피드백으로 시장에 맞는 최적의 상품을 만드는 경영 전략을 말한다. 린 경영을 실리콘밸리의 스타트업신생 벤처기업에 적용한 것이다.

예전에 실리콘밸리의 벤처기업들은 먼저 핵심 아이디어를 도출한 후 스케줄을 짜고 필요한 예산을 마련한 다음에 제품 개발에 나섰다. 모두 그 제품이 세상을 깜짝 놀라게 할 것이라고 믿었기 때문에, 개발이 끝날 때까지 전 과정을 철저히 비밀에 부쳤다. 하지만 이런 방식은 오랜 시간에 걸쳐 많은 돈을 들인 다음에야 제품이 시장에 나오므로, 반응이 좋지 않으면 실패로 인해 다시 재도전하여 시작하기가 어려웠다.

일반적으로 스타트업은 창업 초기의 신생 벤처기업을 지칭하며, 벤처기업은 기술집약형, 기업가정신의 특성을 가진 중소기업을 의미한다. 그렇기 때문에 스타트업은 실패할 확률이 높은데, 통계청 기업생멸통계[2013]에 의하면 2012년 기준으로 기업의 1년 생존율은 59.8%, 5년 생존율은 30.9%로 나타났다. 즉, 1년 내에 약 40%의 스타트업이 실패하고, 5년 안으로 약 70%의 기업이 실패함을 의미한다(『기업가정신 2.0』, 창조경제연구회). 이처럼 스타트업의 경우 불확실성이 지배하며, 변수가 너무나 많아 실패 확률이 매우 높다. 불확실성을 이기기 위해서는 빠르게 아이디어를 현실화시켜 보고 시행착오를 통해 보완해야 한다. 린 스타트업은 미래가 불확실하고 생명력이 약한 스타트업 기업에 빠른 시행착오를 통해 아이디어를 보완하는 효과적인 방법을 제시하고 있다. 그래서 점점 이 방법은 벤처기업을 넘어 일반 기업이나 공공기관

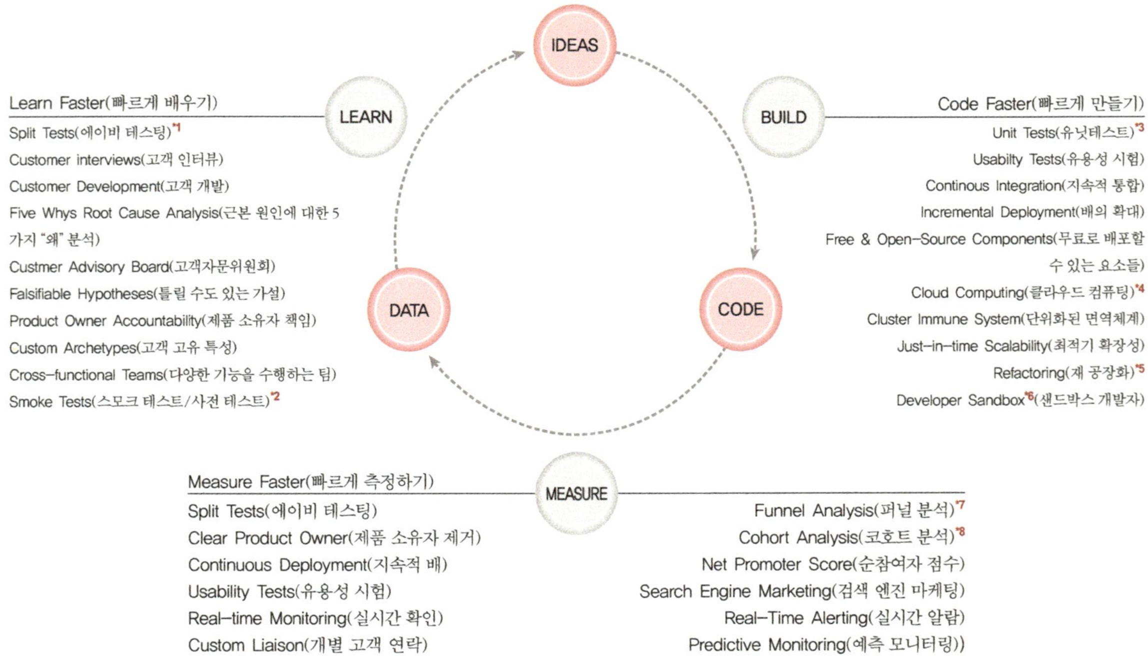

출처 : Eric Ries-startuplessonslearned

▲ Lean Startup Process

*1 Split Tests(에이비 테스팅(A/B testing)) : 디지털 마케팅에서 두 가지 이상의 시안 중 최적안을 선정하기 위해 시험하는 방법. 일반적으로 웹페이지나 앱 개선 시 사용자 인터페이스(UI/UX)를 최적화하기 위해, 실사용자들을 두 집단으로 나누어 기존의 웹페이지 디자인 A안과 새로 개선된 B안을 각각 랜덤으로 보여 준 후, A와 B 중 선호도가 높게 나온 쪽으로 결정한다. A/B 테스팅은 단순히 선호도 조사이기 때문에 쉽고 직관적이지만, 사용자가 어떤 부분을 왜 선호하는지와 같은 심층 조사를 할 수 없다.(네이버 지식백과, IT용어사전, 한국정보통신기술협회)

*2 Smoke Tests(스모크테스트) : 본격적인 테스트의 수행에 앞서, 시스템, 컴포넌트, 소프트웨어 프로그램 등 테스트 대상이나 제품의 빌드(제품 설치 패키지)가 구축된 테스트 환경에서 테스트가 가능한지 여부를 판단하기 위해 주요 모듈이나 시스템을 간단하게 테스트하는 것. 스모크 테스트는 개발 팀이 제작한 주요 단위 모듈이나 시스템 모듈을 제3자 테스트팀 또는 개발 팀 내의 테스트팀이 주체가 되어 테스트 케이스 없이 시행한다. 테스트 환경을 처음 구축할 때 끝단(end-to-end)까지 점검하여 테스트 환경 자체에 문제가 없는지 확인한 다음 이상이 없을 때 실시한다. 만일 테스트 대상이나 제품의 빌드가 테스트를 수행하기에 완성도가 낮다면 개발 조직이 제품 완성도를 높이는 작업을 하도록 테스트 분석 정보를 제공하기도 한다.(네이버 지식백과, IT용어사전, 한국정보통신기술협회)

*3 Unit Tests(유닛테스트) : 컴퓨터 프로그래밍에서 소스 코드의 특정 모듈이 의도된 대로 정확히 작동하는지 검증하는 절차다. 즉, 모든 함수와 메소드에 대한 테스트 케이스(Test case)를 작성하는 절차를 말한다. 이를 통해서 언제라도 코드 변경으로 인해 문제가 발생할 경우, 단시간 내에 이를 파악하고 바로 잡을 수 있도록 해준다. 이상적으로, 각 테스트 케이스는 서로 분리되어야 한다. 이를 위해 가짜 객체(Mock object)를 생성하는 것도 좋은 방법이다. 유닛 테스트는 (일반적인 테스트와 달리) 개발자(developer)뿐만 아니라 보다 더 심도있는 테스트를 위해 테스터(tester)에 의해 수행되기도 한다.(위키백과)

*4 Cloud Computing(클라우드 컴퓨팅) : 인터넷상의 서버를 통하여 데이터 저장, 네트워크, 콘텐츠 사용 등 IT 관련 서비스를 한번에 사용할 수 있는 컴퓨팅 환경이다.

*5 Refactoring(리팩터링, 재 공장화) : 공장을 다각적으로 진단하여 전체적인 공장의 경쟁력 수준을 평가해 문제점을 제시하고 이에 대한 해결 방안을 찾아 공장의 경쟁력 수준을 높이는 것이다. 구체적으로 공장의 발전 수준을 5단계로 구분하여 공장의 현재 상태를 진단하고 앞으로 공장이 나아갈 목표 단계를 설정, 계획적이고 체계적으로 공장을 혁신시키는 진단 프로그램이다(매일경제).

*6 Sandbox(샌드박스) : 샌드박스는 미국 가정집 뒤뜰에서 어린이가 다치는 것을 방지하기 위해 만든 모래통(Sandbox)에서 유래하였다. 자바(Java)가 지원하는 기본 보안 소프트웨어로, 1996년 1월 발표된 JDK(Java development kit : 자바개발도구) 1.0부터 제공되고 있다. 외부에서 받은 프로그램을 JVM(Java Virtual Machine)이라는 보호된 영역 안에 가둔 뒤 작동시키는 방법으로 프로그램이 폭주하거나 악성 바이러스의 침투를 막는다. 자바가 제공하는 샌드박스는 네트워크를 통해 전송받은 애플릿의 시스템 자원에 대한 접근을 제한한다. 샌드박스에서 접근을 허용한 애플릿은 작업이 가능하지만 그렇지 않은 경우는 로컬파일을 읽거나 바꿀 수 없게 하는 방법으로 시스템의 피해를 방지한다. 샌드박스는 클래스 로더(class loader), 바이트코드 검사기(bytecode verifier), 보안관리자(security manager)의 콤포넌트로 구성된다. 각 콤포넌트는 시스템의 신뢰성을 유지하는 역할을 한다. 클래스 로더는 정확한 클래스의 로드 여부를 검사하고, 바이트코드 검사기는 로드된 클래스가 정확한 바이트코드 포맷인지 검증한다. 보안관리자는 신뢰성 없는 클래스가 보호된 시스템 자원에 접근하지 못하도록 막는다.(네이버 지식백과, 두산백과)

*7 Funnel Analysis(퍼널 분석) : funnel은 깔때기를 의미하는 것으로 특정 목표를 달성하기 위한 유저의 행동을 단계별로 분석하는 데이터 분석 방법을 말한다.

*8 Cohort Analysis(코호트 분석) : 실제 유저를 다루는 분석법으로 두 유저 그룹의 차이를 보기 쉽게 나타내 준다. 소비자를 세대마다 구분하고, 세대별로 종래의 환경 · 소비 실적을 분석하여 장래의 소비 행동을 예측하는 마케팅 수법.

으로 그 적용 범위의 사례가 다양해지고 있다.

이러한 린 스타트업은 2011년 에릭 리스Eric Lies가 쓴 『린 스타트업Lean Startup』이란 서적이 널리 퍼지면서 알려졌다. 이 책은 스타트업 업계에서 매우 유명한 책으로 스타트업 관계자라면 누구나 읽어야 할 책이다. 에릭 리스는 '스타트업이 시장에서 성공하는 유일한 방법은 다른 누구보다 더 빨리 학습하는 것'이라는 린 스타트업의 핵심을 표현하는 말을 남겼다. 조금 더 구체적으로는 린 스타트업의 핵심은 아이디어를 구현하여 대략 만들어Build보고 이를 통해 측정Measure하고 수집한 데이터를 통해 학습Learn하는 순환 과정이라 할 수 있다. 이것이 만들기-측정-학습Build-Measure-Learn 모델이며, 이 모델이 순환하며 반복적으로 이루어지면서 창업자들은 자신들의 가설을 검증해 보고, 이것이 실패할 경우 그 모델의 가설을 수정하여 다시 만들어 보고 검증하게 된다. 이러한 가설을 수정하거나 가설을 새롭게 재정립하는 것을 '피벗Pivot'이라고 한다. 피벗Pivot의 영어 사전적 의미는 중심축을 두고 선회하는 것을 의미한다. 다시 말해 스타트업의 핵심 아이디어를 바탕으로 콘셉트를 다양하게 변형해 가며 선회하는 것이 피벗이다. 피벗은 학습learn 단계에서 실행된다. 만들기-측정-학습의 과정이 순환됨에 따라 프로젝트의 완성도가 높아지게 된다. 즉, 피벗을 통해 한 단계 위로 올라가고 만들기-측정-학습의 과정을 거친다. 이 모델은 사업계획을 단계별로 가설화하고 그 가설을 하나씩 검증해 가며, 검증이 된 이후에는 다음 가설을 검증하는 순환 구조(유기적 관계)로 되어 있다. 이러한 일괄처리 방식은, 전통적으로 단계별 프로젝트를 추진해나가는 신사업개발 방식에 비해 프로젝트 실패에 따른 비용과 자원 낭비를 줄이고 프로젝트 속도를 높이는 것으로 린 방식의 핵심 중 하나이다.

나. 핵심가치만 챙겨 먼저 선보이는 MVP

에릭 리스가 새롭게 고안한 경영 전략인 린 스타트업은 처음부터 세상을 놀라게 할 '명품'을 만들려고 하지 않는다. 새로운 아이디어가 나오면 완벽하지 않더라도 최대한 빨리 고객 테스트가 가능한 제품, 즉 핵심 가치인 필수 기능만 선정하여 MVP를 만들어 출시한다. 그런 다음 고객의 반응을 분석하여 발 빠르게 개선한다. 아이디어의 가설이 잘못되었다고 판단되면 미련 없이 방향을 바꾼다. 즉, 린 스타트업은 '만들고, 측정하고, 배우는Build-Measure-Learn' 과정을 통해 고객으로부터 피드백을 계속 받으며 제품을 개선해 가는 것이다. 오늘날과 같이 극심한 불확실성 속에서

참고 MVP의 예 – 린 스타트업 이해와 Case study, 이희우

(1) Groupon : 1층 피자가게 쿠폰

(2) Dpopbox : 3분 컨셉 동영상

(3) Zappos : 동네 신발가게 사진

(4) Facebook : Havard Univ. 학생 얼굴 비교

(5) **카카오톡** : 단순 메시지 전송, 전화번호 자동추가

(6) **카닥** : 사진 업로드 모바일 웹(제작 1일 소요)

빠르게 변하는 시장 상황에 좋은 전략이다.

다. Lean Start up과 MVP

린 스타트업의 성공작, 페이팔과 트위터

페이팔의 공동 창업자 맥스 레브레친과 피터 시엘은 PDA 등에 정보를 안전하게 저장할 수 있는 보안 소프트웨어를 만들었지만 실패했다. 그러나 이 과정에서 온라인에서 돈을 안전하게 전송하는 새로운 아이디어의 가능성을 발견했으며, 결국 온라인 해외 결제 시스템의 강자가 되었다. 트위터도 원래 팟캐스팅 서비

스를 실패한 후 새로운 기능을 발견하게 되어 만들어진 서비스라고 한다.

참고 린 캔버스 : 스타트업을 위한 비즈니스 모델 작성 도구

린 캔버스는 **문제**(가장 중요한 세 가지 문제), **세분화된 고객**(목표 고객), **고유의 가치 제안**(제품을 구입해야 하는 이유와 다른 제품과의 차이점을 설명하는 알기 쉽고 설득력 있는 단일 메시지), **솔루션**(가장 중요한 세 가지 기능), **유통채널**(고객 도달 경로), **수익의 흐름**(매출 모델, 생애 가치, 매출, 매출총이익), **비용 구조**(고객 획득 비용, 유통 비용, 호스팅 인건비 등), **핵심 지표**(측정해야 하는 핵심 활동), **경쟁 우위**(다른 제품이 쉽게 흉내낼 수 없는 특징)로 구성되어 있다.

(1) 가설 설정

① 고객 문제를 정의하라.

대상 고객이 자사의 제품 및 서비스를 이용하기 전까지 겪어야 하는 불편함, 비용 낭비 등의 문제를 파악하여 기재

- 일단 3개 내외를 적어 보고, 추후 해결할 만한 가치가 있는 것인지, 얼마나 많은 고객들이 이 문제를 가지고 있는지를 검증 가능하도록 '명제' 형식으로 적는다.
- 기술 사업화 제품일수록 고객 문제에 집중해야 한다. 사업을 하는 목적은 고객의 문제를 해결하는 것이지, 제품을 만드는 것이 아니다.

② 문제 대안을 정의하라Unfair Advantage.

- 고객이 문제를 해결하기 위해서 하고 있는 대안활동을 파악

- 그 대안보다 경쟁 우위가 있는 솔루션을 고민(경쟁자와 차별화된 기술 우위, 시간 우위, 조직 우위 등)
- 고객이 특별한 대안을 갖고 있지 않다면 고객 문제가 심각한 것이 아닐 수 있다.

③ 고유가치를 제안하라 Unique Value Proposition**.**

- 핵심적인 한 문장으로 제품(서비스)의 가치를 제안할 수 있어야 한다.
- 왜 다르고, 왜 이용할 가치가 있는가?

예) 카닥 : 자동차 외장수리 전문 견적 서비스

만땅 : 스마트폰 배터리 3분 충전

배달의 민족 : 1등 배달음식 주문 앱

직방 : 원룸, 오피스텔 임대 플랫폼 앱

④ 솔루션 Solution**을 제시하라.**

- UVP를 제공한다면 이를 실현할 수 있는 솔루션이 함께 제시되어야 한다.
- 3가지 핵심적 기능 기술 제시
- 문제를 해결할 수 있는가? 구현 가능한가?

(2) 고객의 설정

① 고객 정의 : 최우선 거점고객을 선정하라 Customer Segments**.**

- **전체 고객**(TAM) : 대한민국 국민처럼 창업자의 제품을 사용할 수 있는 모든 고객군
- **유효 고객**(SAM) : 제품이 접근할 수 있는 고객군(한 단계 세분화)
- **목표 고객**(SOM) : 제품 구매 가능성이 가장 높은 고객군(향후 시장 점유율 1, 2위를 할 수 있는 고객군)

- 고객의 기본 프로필을 작성(나이, 지역, 성별, 성향 등)

(3) 문제 및 솔루션 검증

① 고객을 인터뷰하라.

- **고객 문제 검증 인터뷰** : 창업자가 가설로 세운 문제점을 고객도 갖고 있는지 검증
- **문제 해결을 위한 솔루션 검증 인터뷰** : 창업자가 해결 방법으로 제시한 것에 대해 고객도 공감하는지 검증. 솔루션에 대한 공감은 필요성뿐만 아니라 창업자가 책정한 가격에 돈을 지불할 의사가 있는지 여부 등의 문항 등을 통해 확인
- **제품 위험** : 무슨 문제(불편함)를 해결하려고 하는가, 고객에게 가장 중요한 문제 세 가지는 무엇인가?
- **시장 위험** : 경쟁 제품은 무엇인가(기존 대안) 고객이 이 문제를 현재 해결하는 방법은 무엇인가?
- **고객 위험** : 불편을 겪는 사람은 누구인가(고객군), 사업성이 있는 고객군인가?

② 제품 · 서비스를 검증하라.

- 최소 기능을 가진 제품을 재빨리 만들어 고객 반응을 확인
- **웹 서비스** MVP : 고객 반응을 신속하게 알 수 있고, 수정 · 보완 사항도 개발되는 대로 실시간 업데이트가 가능
- **물리적** MVP : 고객에게 전달 이후 해당 제품의 수정이 불가하고, 기능 개선이 필요한 경우 금형 설계부터 다시 진행해야 하므로 시간과 비용이 소모

(4) 수익 모델 검토

① 수익의 흐름을 예상하라.

동일한 제품도 수익 모델에 따라 비즈니스 모델이나 핵심역량이 달라진다. 고객에게 가치를 제공하는 방식이 다르기 때문이다. 성공적인 수익 모델의 기준은 고객에게 더 나은 가치를 제공하느냐이다.

가격책정 시 무작정 '원가+이윤'을 기준으로 하면 소비자가 구매하지 않을 수 있다. 또한 고객 문제의 불편함이 큰 경우 고객가치가 창업자가 책정한 가격보다 높을 수 있다. 그럴 경우 잠재적인 수익을 낭비하게 되는 것이다. 따라서 불편함에 대한 가치와 고객이 생각하는 가치 수준을 고려해서 가격을 설정해야 한다.

수익 모델의 종류에는 여러 가지가 있다. 직접 판매, 수수료, 광고수익, 플랫폼, 종량제, 시간 과금, 사용량 과금, Premium vs Freemium 등이 있으며, 비교적 최근에는 롱테일 수익 모델, Freemium 수익 모델, 오픈 비즈니스 수익 모델, 제품 서비스화 수익 모델 등이 새롭게 주목받고 있다.

② 3년 손익계획 수립하라(수익의 흐름과 비용 구조).

시장은 보통 전체 시장, 유효 시장, 목표 시장으로 구분된다.

- **전체 시장**Total Addressable Market ; TAM : 사업 제품(서비스)의 카테고리에 포함된 전체 시장 규모
- **유효 시장**Served Availvble Market ; SAM : 전체 시장 규모 중에서 우리 비즈니스 모델이 차지하는 비중, 다시 말해 우리의 제품이 시장점유율 100% 달성했을 경우 '유효 시장=전체 시장'
- **목표 시장**Serviceable Obtainable Market ; SOM : 사업 제품(서비스)이 실제 점유가능한 시장의 크기, 스타트업의 인력, 보유 자원, 커버리지, 영업력

등에 따라 달라질 수 있으며 실질적인 수익이 발생하게 될 시장

스타트업은 유효 시장과 목표 시장의 규모를 파악하고, 시장 규모가 작은 경우 2 · 3차 제품을 고려하거나 글로벌 시장 진출을 진지하게 고려해야 한다.

또한 손익분기점은 창업자가 결정하는 대로 진행되는 것이 아니라, 모든 가설이 검증되는 가운데 나타나는 결과이지만 손익분기점을 예상하고 목표치를 잡아야 재무관리를 할 수 있다. 3년간 추정손익계산서를 작성하라. 시간이 지남에 따라 수정되겠지만 이 그림을 그리면 비즈니스 규모를 예측해 볼 수 있으며, 창업자가 생각하는 시장 규모, 앞으로의 사업방식 등을 생각해 볼 수 있고 향후 필요한 자금조달 규모를 확인할 수 있다.

③ 핵심지표 관리

스타트업의 목표는 '반복가능하고 확장할 수 있는 비즈니스 모델을 검증'하는 것이다. 핵심지표는 이 검증에 반드시 필요한 지표이다. 대표적인 핵심지표로는 깔때기Funnel, 해적지표, 코호트, A/B 테스트, AARRRAcquistion, Activation, Retention, Revenue 등이 있다.

예) 카카오톡 : 사용자 수, 메시지 건수

Facebook : 체류 시간, 대학 장악률(1개월 내 하버드 학생 3/4 사용)

④ 고객 채널

채널은 세분화된 고객에게 가치를 제안하기 위한 커뮤니케이션 경로에 대한 방법이다. 이러한 채널은 고객의 특성과 창업자의 역량에 따라 적합한 형태를 취해야 한다. 스타트업 단계에서는 다양한 채널보다 비용 대비 효과가 높은 채널에 집중해야 한다.

출처 : 『기업가정신 2.0』

사례 대기업 사내 벤처에서 시작한 스타트업 '카닥'

(1) 문제 정의

합리적 가격의 수리 서비스를 찾기 위해 과다한 시간과 노력을 기울여야 함.

(2) interview with prototype

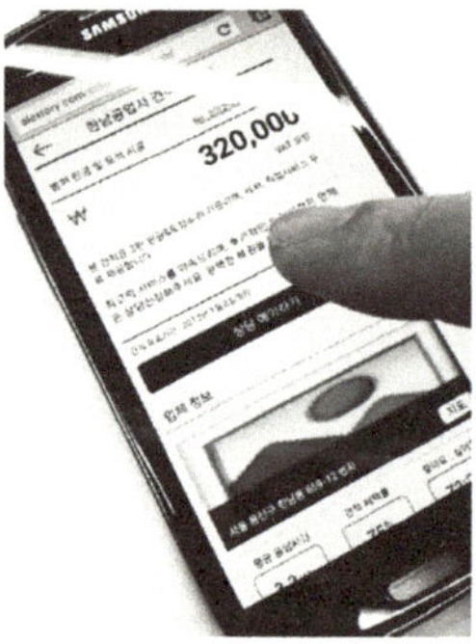

Axure RP
Wireframes, Prototypes, Specifications

윈도우와 맥에서 사용할 수 있는 프로그램의 설계 모형(개발 화면)을 미리 만들어 보는 초안 화면을 그리는 프로그램

(3) 가설 수립

① 합리적 가격 → 3개 이상의 견적 비교

② 과다한 시간/노력 → 사진 3장/채팅 상담/빠른 견적

(4) 인터뷰 후 수정 가설(실제)

합리적 가격의 믿을만한 수리 서비스를 찾기 위해 과다한 시간/노력을 기울여야 함

① 합리적 가격 → 3개 이상의 견적 비교

② 믿을만한 → 시공 갤러리/평판 시스템/협력업체 영업

③ 과다한 시간/노력 → 사진 3장/채팅 상담/빠른 견적

"2012년 당시 카닥 기획의 실제 린캔버스 예시"

PROBLEM

[cust] 신뢰할 수 있는 수리점 찾기 정보의 부재

[supp] 찾아오는 수리 고객 외 영업 대상의 한계

[cust] 공정가격의 수리 서비스를 찾기 위해 과다한 시간과 노력 필요

EXISTING ALTERNATIVES

[supp] 카페 등 커뮤니티 내 업체 마케팅

[cust] 게시판을 통한 원시적 형태의 견적 요청

[cust] 카프앱(11월 말 정식 오픈 예정)

[cust] 고치자닷컴(앱 서비스)

SOLUTION

[supp] 업체 등록/견적 관리 서비스(PC/모바일웹)

[cust] 견적 의뢰/비교 서비스(Android 앱)

[cust] 신뢰할 수 있는 업체를 찾을 수 있도록 해주는 업체 평판 시스템(transaction log + 유저 평가 + 시공사진)

KEY METRICS

Act) 견적 의뢰건수

Act) 딜(deal) 완료 비율

Act) 베스트 시공 사례 조회 비율(설치 대비)

A/A) 설치 대비 실행 비율

Refer) 구글플레이스토어 만족도

Add Comment

UNIQUE VALUE PROPOSITION

[cust] 저렴한 가격의 견적을, 최소의 노력으로 빠르게 받을 수 있다.

[cust] 믿을만한 수리점을 찾을 수 있다.

HIGH-LEVEL CONCEPT

외장수리 분야의 G마켓

UNFAIR ADVANTAGE

업체 평판 시스템(사용자 리뷰 포함) — 단기적으로 달성하기 어려울 것으로 예상

CHANNELS

[supp] 견적대행 영업

[cust] 자동차 보험사(협상 필요)

[cust] 바이럴(자동차 동호회 카페, 블로그 등)

[supp] 대면/call 영업(스타샵 대상)

CUSTOMER SEGMENTS

[supp] 판금/도장시설을 갖춘 no-brand 영세 사업자

[cust] 100만원 미만 수리비가 소요되는 자동차 외장수리 니즈를 가진 오너(수입차의 경우 200만원 미만)

EARLY ADOPTERS

[supp] 판금도장부스를 가진 온라인 홍보에 익숙치 않은 업체 사장

[cust] 수입차 오너 중 자동차 동호회에 가입했지만 필요할 때만 들어가 정보를 취하는 소위 '눈팅족'

[supp] 온라인에서 홍보활동을 하고 있는 덴트업체 또는 판금도장업체 사장

COST STRUCTURE

TBD

REVENUE STREAMS

프리미엄 입점

브랜드별 베스트 시공 사례 featuring

베스트 시공 사례(첫 화면) 노출

(5) MVP 출시 2개월 후 카닥 앱 정식 출시

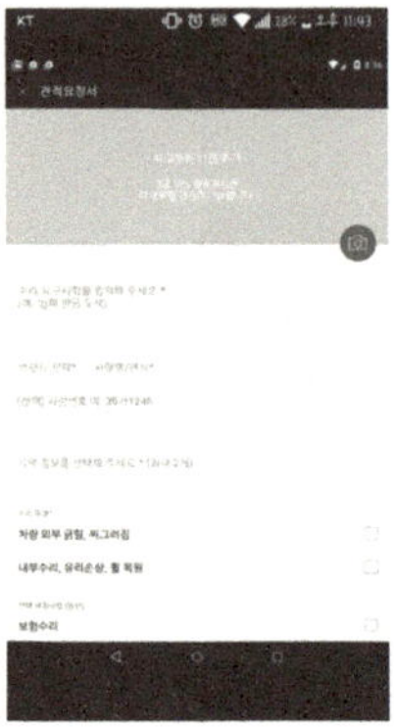

사진 3장이면 충분

회원 가입도, 개인정보 입력도 필요 없음. 사진 3장과 기본적인 차량 정보면 끝

비교하고 상담하고

주변 우수 업체로부터 도착한 견적을 비교하고, 궁금한 사항 채팅 상담 가능

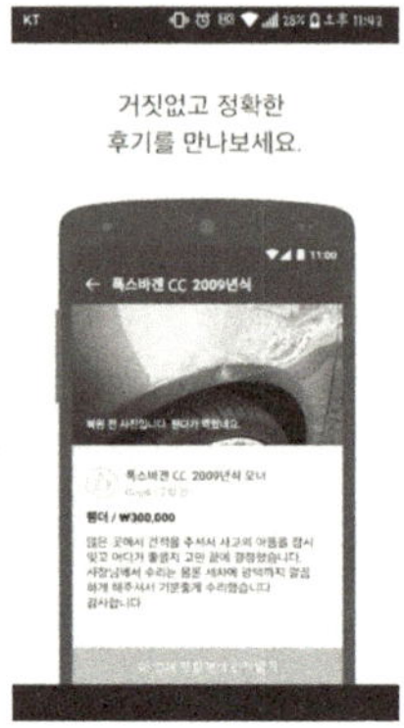

리얼 후기

실수리 완료 고객만 업체 후기 작성 가능. 갤러리에는 수리가격도 공개됨

IDEA 〉 PRODUCT 〉 DATA

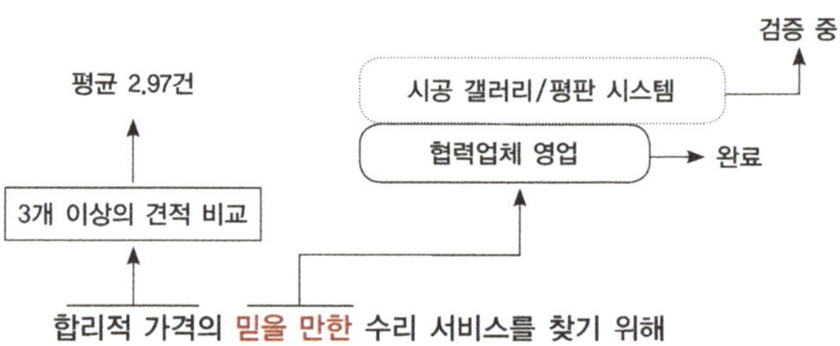

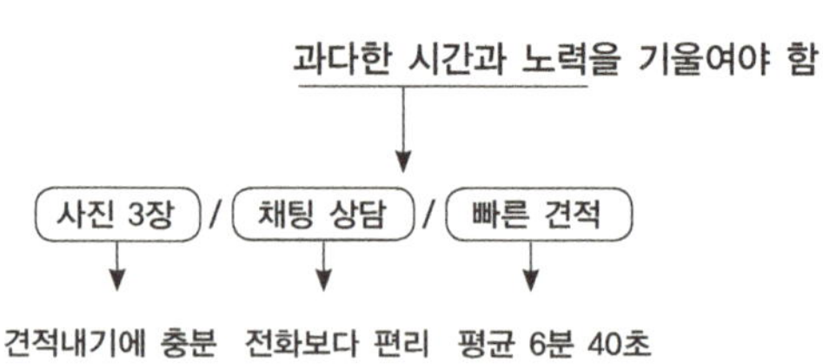

(6) 사고날 것에 대비해서 미리 수리 앱을 깔아놓는 사람은 없다.

① 순방문자Unique Vistor ; UV, 페이지뷰Page View ; PV 등을 핵심지표로 삼아선 안된다 → 견적요청 수/상담진행 수/수리 완료 수 & 전환율

② 설치 대비 견적요청 비율은?

③ 견적 후 상담까지 넘어간 비율은?

④ 견적요청 대비 수리 완료 비율은?

⑤ 전체 설치 대비 수리 완료 비율은?

⑥ 전체 설치 대비 수리 완료 비율은?

⑦ 지표는 왜 변했을까?

⑧ 견적 요청자의 갤러리 2회 이상 조회 비율은?

⑨ 견적요청 또는 수리 완료한 사용자는 다시 돌아오고 있는가?

⑩ 지난 프로모션 기간에 유입된 사용자의 충성도는?

(7) 이후 진행

① 2012년 11월, Daum 내부에서 팀 결성

② 2013년 2월, 서비스 오픈

③ 2014년 1월, Daum에서 분사

④ 2015년 7월, DaumKakao에 인수

출처 : 린 스타트업 이해와 Case study(Lean Startup and Case Study) – 이희우

카닥은 스마트폰 앱 '카닥cardoc'을 통해 정비업체로부터 자동차 외장수리 비교견적을 받을 수 있는 서비스를 제공하고 있습니다. 수리가 필요한 부위를 사진으로 찍어 앱에 올리면 평균 10분 안에 주변에 있는 5~6곳의 정

비소로부터 수리 견적 회신을 받을 수 있습니다. 정비소 개별 상담과 예약, 결제까지 카닥 앱 안에서 해결할 수 있지요. 카닥은 정비업체들이 수리 견적의 상세 내용을 공개하도록 하고 있으며, 고객의 추가 요구가 있기 전까지 업체에서 수리 항목을 변경할 수 없도록 하고 있습니다.

카닥의 출발은 일반 스타트업과 조금 다릅니다. 이준노 대표는 카닥을 창업하기 전, 포탈사 (주)다음커뮤니케이션에서 근무했는데요, 그곳 사내 직원들을 대상으로 벤처 아이디어를 공모받는 'NIS넥스트 인큐베이션 스튜디오' 대회에서 카닥은 시작되었습니다. 초기엔 A4 한 장 분량의 아이디어가 전부였습니다.

"인터넷 서비스 업계가 새 사업을 발굴하는 과정은 일반 대기업들과 다릅니다. 많은 수의 인력을 투입해 대규모로 진행하는 사업보다 4~5명이 가벼운 아이디어로 시작해 새로운 서비스를 발굴하는 쪽이 성공 확률이 더 큽니다. NIS도 그런 의도로 진행된 프로젝트입니다."

NIS에서 채택된 아이디어에는 9개월이라는 시간이 주어집니다. 3개월마다 계획했던 내용들이 잘 이뤄지는지 평가받으며 사업 지속 여부를 판단합니다. 카닥은 초기 3개월 동안 앱을 개발하고, 그 후 3개월은 가상의 이용자들이 서비스를 이용할 때 어떤 반응을 보이는지 살펴보는 모의실험으로 서비스를 개선하고, 9개월 차에 앱을 출시한다는 계획을 세웠습니다. 이 같은 단기 계획은 '린 스타트업'이라 불리는 경영방법론의 하나입니다.

"린 스타트업은 변화가 극심한 인터넷 서비스 업계에 맞는 방법론이에

요. 저희에게 장기적인 계획, 즉 3개월 이후의 계획은 의미가 없어요. 트렌드가 어떻게 바뀔지 모르니까요. 5년 계획? 10년 계획? 그런 건 세우지 않습니다. 하나의 목표만 명확하게 둘 뿐, 그것으로 나아가는 방법은 상황에 따라 달라질 수 있습니다."

출처 : [스타트업 ③] 고객만족도 99% 자동차 외장수리 비교견적 서비스업체 '카닥', SK에너지

참고 카닥 영업 현황

기업명(설립년도)	카닥(2014)
주요 상품	자동차 외장수리 비교견적 앱
신용평가등급	CCC-
매출액(2015, 백만원)	1
외부투자	(주)카카오, GS칼텍스
매스컴 및 대외 평가(2016)	올해 누적 다운로드 수 70만 건, 누적 견적요청 수 24만 건을 돌파

대기업의 사내 벤처로 린 스타트업 과정을 통해 설립된 카닥은 재무지표로는 성공적인 생존 과정에 있다고 보기 어렵지만, 2016년 기준으로 누적 견적요청 수리액 1,440억원, 누적 수리처

리 금액 280억원거래액 기준을 돌파했다. 월 66억원의 견적요청이 유입됐고 그중 13억원 정도가 실제 수리로 이어지고 있는 것을 보면 향후 성장 가능성을 보유하고 있으며 이를 기반으로 대기업의 외부투자 유치가 가능했던 것으로 판단되며 안정적인 생존을 향해 나아가고 있음을 짐작할 수 있다.

라. 린 스타트업의 한계

모든 것이 그렇듯이 하나의 툴이 모든 스타트업에 일괄적으로 적용 가능한 대안이 되기는 어렵다. 피버팅 비용이 비교적 적게 들고 핵심 가치만으로도 사업추진 가능성 검증이 가능한 사업 아이템을 전제로 해야 한다. 피버팅 비용이 많이 드는 사업은 사전 기획이 여전히 중요하다. 특히 신약과 같이 시장 실패 비용이 큰 제품은 린 스타트업에 적합하지 않다.

3. 우리, 다시 시작할 수 있을까? — 3전 4기 재창업

플래텀에서 발간한 보고서에 따르면 2016년 연간 국내 스타트업 투자유치 총액이 1조를 넘어서는 것으로 조사되었다. 투자

건으로는 400건에 가까운 수치이며, 공개되지 않은 기관투자자 및 개인투자자를 통해 집행된 투자 건까지를 포함한다면 이 규모는 더욱 커질 것으로 생각된다.

- 2016 연간 국내 스타트업 투자유치 총계 : 347건
- 2016 연간 투자유치 총액 : 1조 78억원
- 최대 투자 유치 : 12월(52건)/최소 투자 유치 : 2월(17건)
- 최고액 투자 유치 : 12월(2,174억원)
- 월 평균 29건 투자 발생

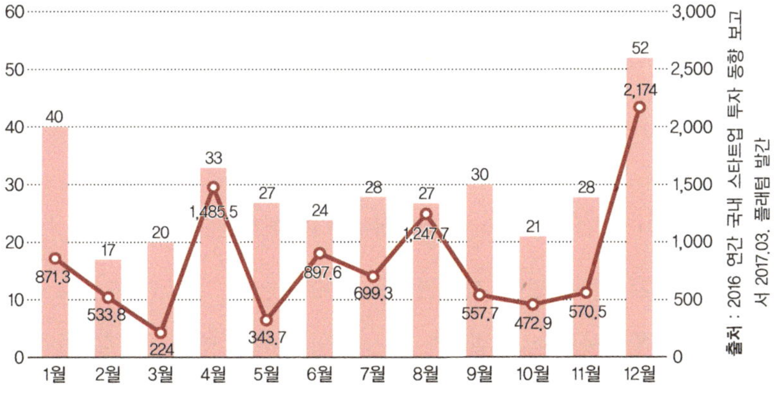

▲ 2016년 월별 스타트업 투자 동향 및 투자유치 금액

2016년 월별 스타트업 투자 동향 및 투자유치 금액

월	월별 투자유치 금액(억원)	투자 건(개)		
		총계	금액 공개	금액 비공개
1월	871.3	40	31	9
2월	533.8	17	13	4
3월	224	20	14	6
4월	1,485.5	33	26	7
5월	343.7	27	18	9
6월	897.6	24	18	6
7월	699.3	28	23	5
8월	1,247.7	27	20	7
9월	557.7	30	26	4
10월	472.9	21	16	5
11월	570.5	28	22	6
12월	2,174	52	36	16
계	10,078	347	263	84

2016 연간 국내 스타트업 투자동향 보고서에서 활용한 기초자료

1. **2016 투자 유치 및 인수 · 합병 건** : 총 369건(투자 347건, 인수 · 합병 22건)

2. **2016년 투자 유치 스타트업**(피투자사) : 총 313개사(금액 공개 232개사, 일부 공개 5개사, 비공개 76개사)

3. **2016 투자참여기업** : 총 249개사(기업명 공개 기준)

* **스타트업의 정의** : 새로운 아이디어나 기술을 기반으로 급격한 성장이 기대

되는 사업 모델을 가진 회사로, 대체로 주식시장에 상장되거나 대기업에 합병되기 이전 상태의 회사(스타트업 얼라이언스 정의 일부 차용)

* 연간 2회 이상 투자를 유치한 기업은 연간 총 누적투자금액(일부 공개액 포함)을 적용하여 산출
* 투자규모 그래프는 금액을 공개 및 일부 공개한 237개사의 투자유치 건에 한하여 산출
* 스타트업 업력은 2016년 12월 기준으로 산출
* **제외된 투자 건** : 인수 이후 투자 건(ex. 카카오 자회사 포도트리 1,250억 투자유치 건 등)/창업 지원 기업(ex. 퓨처플레이 30억 투자유치 건 등)/대기업 자회사(GS홈쇼핑 자회사 에이플러스비(29CM) 30억 투자유치 건 등)/스타트업 단계를 벗어난 기업(ex. 티켓몬스터 475억 투자유치 건 등)
* 공동투자의 경우, 공동투자사들의 대부분 개별투자금액이 공시되지 않으므로, 투자참여 건 및 총 투자 규모에 한하여 적용

그럼에도 이렇게 활성화되고 있는 스타트업 생태계 속에서 다양한 실패와 이에 따른 재도전이 지속적으로 이루어져야만 한다. 린 스타트업에서도 만나볼 수 있듯이 가장 큰 가르침은 시행착오이며 실패이기 때문이다. 뼈아픈 실패를 경험해 본 창업자만큼 큰 역량을 보유한 사람은 없다.

지금까지 많은 벤처기업들이 창업에 실패하게 될 경우 재도전의 의지가 꺾이거나 보증 등의 규제에 의해 다시 회생할 수 없

는 제도 및 사회적 문화가 형성되었다. 하지만 스타트업을 활성화 시키기 위해서는 이를 방지하기 위한 다양한 지원책 마련과 린 스타트업 등의 교육을 통해 스타트업의 생태계를 바로 알아가고자 하는 인식의 확산이 필요하다. 우리나라에서도 창업에 실패하더라도 재도전하고, 성공하더라도 다시 창업의 생태계로 복귀하고자 하는 열정 문화를 만들어내는 변화가 일어나고 있다.

가. 스타트업 단계 초기 실패

앞서 스타트업에 있어 린 스타트업이 강조되는 이유는 빨리 시작하고 빨리 망하는 것이 성공하는 지름길이기 때문이다. 린 스타트업을 통해 창업을 준비하는 아이디어 단계에 빨리 시행착오를 겪어내고 새로운 도전을 하게 된다면 실제 프라이머 권도균 대표의 말처럼 일반적으로 창업 초기 자금 5천만원을 절약할 수 있을 수 있다. 그러나 우리가 잘 알고 있듯이 비즈니스의 실패와 성공에는 MVP로도 검증할 수 없는, 너무나도 다양하고 복잡한 원인들이 있다. 이러한 다양한 이유들로, 창업자 개인에게는 많은 준비를 통한 큰 도전이었음에도 불구하고, 성공하는 경우보다 실패하는 경우가 많을 수밖에 없다. 이와 같은 냉정한 현실이 경제

사회의 복잡함을 간접적으로 보여준다.

이러한 실패를 어떻게 자신의 큰 자산으로 삼았는지 선배 창업가들의 경험담을 귀담아 듣는다면 비슷한 실수는 조금은 피해갈 수 있지 않을까?

사례 **실패를 극복한 창업가들**

1. 돈이 벌리는 일과 내가 좋아하는 일은 완전히 다를 수 있다

모든 창업자는 크고 작은 실패를 경험한다. 그러나 잘 실패하고, 잘 극복해 정상궤도에 오르는 창업자는 많지 않다. 그렇기에 투자자들은 애쓰는 연습생이 아니라, 돈을 벌 줄 아는 능수능란한 창업가를 찾고 있다.

시행착오를 용납하지 않는 살벌한 비즈니스 세계에서, 시행착오를 넘어 노련한 사업가로 성장한 대표들은 어떻게 실패하고, 어떻게 극복했을까. 또 모든 구성원이 하나의 비전을 따를 수 있게 만드는 이들만의 노하우는 무엇일까. 지난 21일 스타트업얼라이언스에 비공개로 개최된 '코리아 스타트업 포럼Korea Startup Forum' 에 참석한 창업자들의 이야기를 정리해 봤다.

2. 어떻게 실패하고, 어떻게 극복했나

① **"돈이 벌리는 것과 내가 좋아하는 건 완전 다르더라"** (우아한형제들 김봉진 대표)

수제 가구 사업을 하다 망했다. 내 눈엔 참 예뻤고, 그 사업을 좋아했다. 웹디자인 아르바이트를 하면서까지 가게를 운영했으니까. 여성지에서 와서 사진도 많이 찍어 가고, 협찬도 많이 했다. 하지만 돈이 벌리진 않았다. 그땐

덩치 큰 가구를 팔면서도 부동산 임대료와 같은 사업 유지 비용에 대한 개념이 없었다. 대치동 주민들이 돈을 많이 쓸 것이라는 건 착각이었다. 그리고 가구를 판매할 때 30~40% 할인이 기본으로 들어간다. 이윤이 20~30% 밖에 안 되는데, 팔아도 손해고 가지고 있어도 손해인 거다. 그때 처음 '돈이 벌리는 것과 내가 좋아하는 것은 완전히 다르구나' 라는 걸 깨달았다.

당시에 마 끈에 나무 집게를 꼽아 사진을 걸어놓는 가렌다를 내가 처음 만들었다. 온라인 플랫폼에도 입점하고, 매장에서도 인기가 많았는데, 마진율이 80%였다. 가렌다는 팔면 무조건 남는 장사였는데, 괜히 자존심 상하고 싫더라. 나중엔 그게 얼굴에 드러났다. 돌아보니, 그 나무 집게 제품을 고도화해서 돈을 벌고 그걸로 가구 장사를 계속 이어갔으면 좋았을 텐데 싶었다. 그런 사례들이 늘 많다. 살아남은 게 신기하다.

② "내가 틀렸다는 걸 인정하기 싫어 고집을 부렸다" (스포카 최재승 대표)

2011년도에 쿠폰 서비스 앱을 만들었다가 실패했다. 당시 200~300개 매장에 설치했는데 하루 사용자 수DAU가 20명이었다. 20명 가지고 그로스 해킹growth hacking : 제품 판매와 노출을 목적으로 기술 벤처 기업에 의해 개발된 창의성과 분석적 사고, 소셜 분석을 활용하는 마케팅 기법(위키백과)을 할 수도 없고, 처참했다. 그래도 열심히 만들었고, 자존심이 있으니까 돈 떨어질 때까지 계속했다. 엔젤투자 비용이 바닥날 때 즈음에야 심각성을 깨달았다. 그 후 2주간 빠르게 프로토타입을 만든 게 지금의 스포카다. 서비스 첫 개시일에 이전 대비 14배의 사용자 수가 나오자마자, 나머지 투자금으로 태블릿 200개를 만들어서 홍대 지역 매장에 설치했다. 그게 고생의 시작이었다.

그때로 다시 돌아간다면, 훨씬 똑똑하게 피버팅을 할 수 있을 것 같다. 결과적으로 성공했지만, 사실 너무 많은 시간과 노력이 들어갔다. 내가 만든 서비스에 대한 애착과 실패를 인정하지 않으려는 마음 때문이었다. 본질에 어긋나는 쓸데없는 기능도 넣다가 2~3개월을 낭비했다. 이전엔 자아가 아주 강했지만, 지금의 나는 '내 생각이 틀릴 수 있다'는 것을 잊지 않으려고 한다.

③ "주주 간 계약서 때문에 망한 회사도 있다" (온오프믹스 양준철 대표)

공동 창업자 간 주주 간 계약서를 중요치 않게 생각하다가 낭패 보는 스타트업이 많다. 한 기업은 공동 창업자 3명이 지분을 나눴는데, 대표가 가장 적게 가져갔다. 근데 나중에 대표를 제외한 2명이 사적인 이유로 회사를 나가겠다고 한 것이다. 하지만 주주 간 계약서 안에는 의무종사 기간을 채우지 않고 나갔을 때에 대한 페널티가 명시되어 있지 않았다. 결국 대표가 사비로 주식을 다 되찾아 왔어야 했는데, 꽤 높은 가치로 투자를 받은 이후여서 쉽지가 않았다. 후기 투자를 받으려고 해도 의사결정권이 밖에 나가 있는 상태니까, VC 입장에서 뭘 보고 투자하겠나. 결국 그 회사는 망했다. '좋은 게 좋은 거'라는 마음으로 주주 간 계약서를 대충 쓰거나, 아예 없이 사업을 시작하는 경우가 많은데 그래선 안 된다.

④ "투자자에 대한 평판 확인 문화가 필요하다" (스타트업얼라이언스 임정욱 센터장)

국내에서는 투자 얘기가 오갈 때, 창업자가 다른 출처를 통해 조언을 듣고 평판을 확인하는 것을 싫어하는 투자자들도 더러 있었다. 하지만 투자자-창업자 간의 서로에 대한 사전 검토가 충분히 이루어져야 투자 생태계가 건강해지고 좋은 투자 관행을 만들어 나갈 수 있다. 서로에 대한 공부가 부족하다 보니, 투자가 어그러지거나 사고가 발생하는 경우가 많다. 실리콘밸리에서는 작은 규모로 엔젤투자를 받더라도, 투자자-창업자 간 평판 확인이 활발하게 이루어진다. 창업자를 옭아매는 악의적인 투자 계약을 한 투자자의 경우, 커뮤니티 안에서 빠르게 소문이 나기 때문에 다음에 좋은 딜에 들어갈 수가 없다. 국내에서도 평판 기반의 투자 환경이 조성되었으면 한다.

⑤ "대기업 인맥, 실제 나와 보면 아무도 안 도와준다" (착한텔레콤 박종일 대표)

KT 통신사에서 7년을 일했고, 대우증권에서 2년 반 동안 핀테크 관련 업무를 했다. 총 10년간의 직장 생활을 한 셈이다. 대기업에서 꽤 많은 인맥을 쌓았지만, 결국 "하늘은 스스로 돕는 자를 돕는다". 처음에는 다들 도와줄 것처럼 얘기하지만, 실제로 나와보면 아무도 안 도와준다. 결국 그들에게 나 역시 도움이 되어야 한다. 명확한 이해 관계 속에서 사람은 움직이게 되어 있다. "내가 이용당할 수 있을 만큼 충분히 매력적인 사업과 상품을 만들어야 한다"는 것을 깨달았다.

단지 대기업에 있었다는 것만으로는 아무 소용이 없다. 그 과정에서 내 이용 가치를 만들어야만 하는 것이다. 그러나 어느 정도 검증이 된 후에는, 주변 사람들의 도움이 결정적인 역할을 하게 된다. 내 경우에도 이전 회사에서 통신 요금을 계획했던 경험과 과거 알티폰(주)알티텔레콤주식회사 사업할 때 만들었던 인맥이 나중엔 큰 도움이 됐다.

⑥ "회사만을 위해서 일하지 말라" (야놀자 이수진 대표)

사업을 시작한 지는 만 12년이 넘었고, 사람이 꽤 많아졌다. 굉장히 오래된 것 같지만 사실 우리가 첫 투자를 받은 건 2년이 채 안됐다. 규모가 커지면서 여러 조직 문제가 있었고, 지금도 변화의 과정에 있다. 직원 각 개인에게 하나의 비전을 심어 주기는 어렵다. 다만 옛날부터 조직원들에게 했던 이야기가 있다. "현재 하는 일이, 본인의 일로서 남을 수 있게끔 시간을 보내

줬으면 한다"는 것이다. 우리 회사만을 위해 일하지는 말라고 늘 당부한다.

대표들은 욕심이 많다. "왜 저 직원은 나만큼 일을 안 할까, 나만큼 돈을 아끼지 않을까" 하고 불만을 갖기도 한다. 대표가 아니기 때문에 그렇다. 우리는 대표이기 때문에 그래야 하는 사람이고. 구성원마다 다양성이 있고, 그들 개인의 이익과 삶이 있는 법이다. 우리 기업에 있는 동안 시간을 낭비하지 않도록, 삶을 타이트하게 이끌어갈 수 있는 방법을 같이 고민해 주는 게 중요하다. 어느 회사를 가든지 최선의 노력을 하며 자신의 전문성을 기를 수 있게 말이다.

⑦ "'왜?'에 대해 오래 설명할수록 실행 속도는 빨라진다" (플러스 김태호 대표)

플러스는 스타트업이 하기에는 상대적으로 돈이 많이 드는 사업을 하고 있다 보니까, 처음부터 비용과 인력을 어느 정도 갖추고 시작했다. 그래서 초기 멤버가 20명 정도로 많았다. 그렇기 때문에 빠른 의사 결정을 내려야 할 땐 여러 사람을 거쳐야 하므로 힘이 들었다. 과거 우리 회사에서 '탑다운Top Down' 이라는 단어는 금기어였다. 탑다운이라는 말이 왜 나오는지를 추적해 봤는데, '왜'에 대한 설명이 충분치 않았기 때문이라는 결론을 얻었다.

경영진 몇 명만 모여 결정을 짠하고 내리면, 팀원들은 움직이지 않는다. 초기 단계 스타트업의 경우 각 구성원이 '내가 이 일을 왜 해야 하는지'를 충분히 이해하고 설득해야 효율이 난다. 즉, '왜'에 대한 설명을 오래할수록, 실행 속도는 빨라진다. 이 과정이 없으면, 문제가 발생해도 자기가 결정한 일이 아니기 때문에 책임질 필요가 없다고 생각한다. 최근 플러스에서는 세부 내용을 하나씩 다 설명하고, 왜 이 일을 해야 하는지에 대해 납득시키는 데 공을 들이고 있다.

⑧ **"일의 방향이 눈에 보이면, 모두가 같은 목표를 세운다"**(온오프믹스 양준철 대표)

2010년 법인을 설립해 횟수로 치면 8년 차 기업이 됐는데, 지금까지 의사 결정 프로세스가 네 번 바뀌었다. 처음에는 사장-부사장 체계에서, 공동창업자 체계로, 또 팀장 체계에서 지금은 전 직원이 일정 수준의 의결권을 갖는 체계로 바뀌었다. 온오프믹스에서는 전 직원이 하는 업무를 전 직원이 확인할 수 있다. 최근에는 이슈 트래커Issue Tracker : 주로 소프트웨어 개발 업계에서 사용하는 도구. 작게는 제품의 기능 추가 혹은 버그 관리부터 프로젝트 관리까지 다양한 기능 제공. 흔히 웹 기반의 인터페이스를 제공함.(나무위키)인 지라Jira를 활용하고 있는데, 작은 사무 비품의 구매 과정까지도 다 공유되면서 모두가 진행 상황에 대한 코멘트를 남길 수 있다. 현재 시점에 누가 어떤 업무를 어떻게 처리하고 있는지를 전 직원이 알고 있으면, 업무 공백이 생기지 않는다.

2015년부터 실험해 보고 있는 것이, 연간 사업 계획 수립에 대한 거다. 대표인 내가 아무런 의사를 표명하지 않고 팀원들에게 연간 사업 계획 수립의 전권을 맡겼을 때 어떤 결과가 나올지 궁금했다. 놀랍게도 나의 생각과 100% 일치하는 사업 계획서가 나왔다. 회사가 가고자 하는 목표가 지식 관리 시스템에 가시적으로 흐르고 있기 때문에, 대표가 굳이 개입하지 않더라도 모두의 비전과 생각이 일치하는 결과를 낼 수 있었던 것이다.

출처 : "'돈이 벌리는 일과, 내가 좋아하는 일은 완전히 다를 수 있다', 실패를 극복한 창업가들", 플래텀

사례 마이쿤이 실패를 통해 배운 것

4년 전 스마트폰 배터리 공유 서비스(스마트폰 배터리가 없을 때 충전된 배터리로 교체해 주는 O2O 서비스) '만땅' 을 선보이며 야심 차게 첫 발을 내딛은 마이쿤. 이 서비스를 통해 국내 · 외 유명 액셀러레이터에게 투자를 받는 등 유망한 스타트업으로 평가되었으나 스마트폰 제조사들이 일체형 스마트폰을 출시하면서 서비스 존립의 위기를 맞이한다.

결국 만땅의 실패를 공식 선언한 뒤 절치부심 끝에 마이쿤이 2016년 3월에 내놓은 두 번째 아이템은 '스푼라디오(이하 스푼)'. 스푼은 목소리로 소통을 할 수 있는 오디오 방송 서비스로 모바일에 간편하게 LIVE 방송과 팟캐스트 녹음방송을 무료로 할 수 있다. 이 서비스는 현재 45만 다운로드, 매일 2천 개의 새로운 콘텐츠가 업데이트되고 있으며, 일반 BJ가 방송하는 채널이 1,600개에 달한다.

실패를 통해 자신과 팀이 더 단단해졌다고 말하는 마이쿤 최혁재 대표를 만났다.

(1) 시장의 변화로 실패했지만, 살아남다.

미국에서 배워온 스타트업 경영, 제대로 접목하기 전 서비스 접어

2015년 2월, 미국의 엑셀러레이터 500스타트업에게 투자를 받고 6개월간 미국 연수를 했다. 이때 사업 운영부터 전반적인 태도를 많이 배웠다. 이런 것들을 서비스에 적용해 성장시키자던 차에 서비스를 접었다. 당시 우리 사업은 배터리 교체 공유 서비스였는데, 주요 수입원이었던 S전자의 제품들이 일체형 배터리로 출시됐다. 시장 점유율 1위 업체의 외형 변신은 우리 서비스의 근간을 흔들었다. 결국 버틸 수 없어서 종료를 선언했다.

힘들던 우리에게 찾아온 '터놓고 말할 수 있는 진솔한 서비스'

2015년 9월에 첫 서비스를 끝냈을 즈음이었다. 팀원들과 어떤 아이템으로 재기해야 할지 고민하며 100여 개의 사업 아이템을 검토했다. 생각과 마음을 터놓고 말할 수 있는 서비스가 있으면 좋겠다고 생각했다. 누구든지 녹음 파일을 올려 편하게 듣고 목소리로 댓글 달게 하는 것 말이다. 그게 스푼의 초기 컨셉이었다. 흔히들 아날로그 하면 따뜻함을 떠올린다. 우리 서비스를 사용하는 고객들도 그렇게 느꼈으면 좋겠다고 생각했다.

그런데 초기 2~3달 정도 소비자 반응을 살피며 테스트를 진행할 때 리텐션이 떨어지는 문제가 발생했다. 이용자들의 고민거리가 줄어들면 자연스럽게 사용률이 떨어지는 현상이었다. 그래서 타깃부터 재설정해야 했다.

고민거리를 얘기하던 플랫폼에서 개인 라디오 방송 플랫폼으로… 그리고 투자 유치

어느 순간부터 '누구누구의 일일 라디오 방송'이라는 이름으로 파일이 올라오기 시작했다. 흥미로웠다. 이들과 만나 얘기를 나눠보니 오디오 방송하는 플랫폼의 부재를 언급했다. 얘길 듣고 조사를 시작했다. 영상 쪽은 유튜브와 아프리카TV 등 다양한 플랫폼이 있는데, 라디오만 전문으로 하는 플랫폼은 거의 없었다. 거기서 아이디어를 얻어 스푼을 '개인 오디오 방송 플랫폼'으로 정비하기로 결정했다. 그런 과정을 거쳐 2016년 3월 1일 정식으로 출시했다. 같은 해 6월에 생방송이 가능해졌고, 후원하기 기능이 지원된 지 3주 만에 20여 명의 BJ가 수익을 내기 시작했다. 10월엔 시드 투자금 3억원을 받았고, 팁스 프로그램에도 선정됐다. 그리고 올해 초 25억원 규모 투자 유치를 했다.

(2) 재도전할 때의 Do와 Don't

재도전 서비스 제1의 조건은 '수익화'

첫 서비스를 접고 다음 아이템을 검토할 때 오프라인이 관련된 사업, 즉 O2O오투오 아이템은 우선 순위에서 제외했다. 오프라인 영역은 사업 초기 비용이 많이 들기 때문이다. 또한 무조건 적은 돈이라도 벌 수 있는 모델을 고려했다. 마지막으로 우리의 장점을 신속하게 살릴 수 있는 분야에서 찾으려 했다. 내가 개발자인 만큼, 앱 개발은 자신 있었다. 모바일 앱 환경에서 구성할 수 있는 것을 해보기로 했다. 그렇게 다듬고 고쳐 현재의 스푼이 만들어졌다. 손익 분기점도 몇 달 안에 넘길 수 있을 정도로 의미 있는 성장세를 이어가고 있는 편이다.

숫자를 믿자…전 사업이 준 교훈

이전 사업을 통해 깨달은 건 숫자, 데이터를 믿어야 한다는 거였다. 자의적으로 판단해 시장에 덜컥 내놓고 사용자의 싸늘한 피드백을 얻었던 적이 너무 많다. 데이터의 중요성을 절감한 뒤부턴 투자자들을 만나도 예전만큼 걱정되지 않는다. 자료를 근거로 고객을 얼마나 모았는지, 연말까지 다운로드를 얼마나 달성할 수 있는지, 어떤 식으로 서비스를 확장할 수 있는지 의미 있는 근거를 제시할 수 있었다. 이는 이전 사업뿐만 아니라 미국에서 배운 원칙이다. 실리콘밸리 기업은 오로지 결론이 난 데이터를 보고 운영을 결정한다. 우리도 매달 분석한 성장 데이터로 입증하고 있다. 스스로 떳떳해진 거다.

(3) Part 3. 회사를 다시 일으킨 퇴사율 0%의 팀원들

포기하지 않고 열심히 하는 모습에 결정된 투자금 '3억'

스푼 운영 초기 시드투자 3억원을 받았다. 우리에게 투자한 곳은 비디오 경쟁 시대가 끝나면 오디오 시대가 온다고 보고 있었다. 오디오 관련 사업을 하는 팀을 눈여겨 보고 있었던 중 우리 팀에 투자를 결정했다고 했다. 나중에 들었는데, 사업도 흥미로웠지만 우리 팀의 끈기를 높이 샀다고 했다.

치열하게 버틴 2년, 그 뒤엔 모든 팀원이 함께 했다.

첫 서비스가 실패로 끝났을 때 주위에서 숱한 뒷말을 들었다. 그간 우리에게 상처를 준 사건이 많았다. 전과자 취급을 당한다는 게 이런 심정일까 싶었다. 새로운 사업을 한다고 했을 때 "길거리에서 배터리 바꿔주던 애들이 무슨 콘텐츠 사업이냐"는 말도 들었다. 유저한테 인정받자는 마음으로만 모든 팀원이 버텼다. 그것이 결속의 단초가 되어 팀이 더 굳건해졌다. 이 기간 동안 대학교로 돌아간 학생 인턴을 제외하고는 팀을 떠난 팀원은 한 명도 없다. 팀원들은 각자 맡은 파트에서 전문가가 되어 열심히 해줬다. 말로 다 할 수 없을 만큼 고마움과 책임감을 느낀다.

내부에서 하는 말이 있다. 힘들더라도 죽지 말고 망하지 말자고. 우리 할 일만 제대로 하고 사용자들에게 인정받는 서비스를 만들자고.

(4) Part 4. 소통하는 24시간 밀착 서비스

스푼, 일상 속에 파고들다.

우리 서비스는 밤에 훨씬 많이 이용된다는 게 특징이다. 흔히 생각하는 라디오와 똑같다고 보면 된다. 듣는 것뿐만 아니라 방송까지 할 수 있다는 게 작지만 큰 차이점이다. 그래서 양방향 커뮤니케이션이 가능하다. 자극적

콘텐츠에 대한 우려가 있었는데, 야한 이야기 정도가 다였다. 그런 것들은 계속 필터링하고 있다.

후원하기/부분유료가 주요 수입원, 광고는 훗날 고려할 것

라디오 BJ들에게 '후원하기' 기능을 통해 청취자들이 돈을 지불할 수 있다. 한 달에 수백만원씩 버는 BJ도 있다. 그중 수수료 몇 %를 우리가 받는다. 더불어 스푼과 제휴한 전문 성우가 출연한 오디오 드라마에서 수익이 난다. 광고를 통한 수익은 마지막 고려대상이다. 아직 시행하고 있진 않지만 계획에는 있다.

라디오 콘텐츠 큐레이션을 하지 않는 이유, 차별점과 다양성 제고

흔히들 팟캐스트라고 부르는 게 있다. 애플의 라디오 검색 기능으로, 사용자 편의 서비스다. 안드로이드 사용자는 해당 플랫폼의 콘텐츠를 들을 수 없어서 팟캐스트 주소를 복사해 공유해 듣는다. 국내에도 이런 서비스를 하고 있는 업체가 있다. 우리도 제공할 수 있지만 현재 고려하고 있진 않다.

이유는 두 가지다. 이를 서비스하게 되면 일반 팟캐스트와 다를 바 없고, 크게는 다양한 콘텐츠 수급이 어렵다. 우리나라에서 제작되는 콘텐츠는 대부분 정치, 시사 위주다. 스푼의 주요 타깃 고객은 20대인데, 이들에게 정치 · 시사 콘텐츠는 수요가 적다. 그들이 선호하는 엔터테인먼트적 요소가 강한 콘텐츠를 제공하려고 한다. 엔터테인먼트 콘텐츠가 일정 수준 이상 확보되기 전까진 큐레이션 기능은 도입하지 않을 계획이다.

타깃 마케팅을 추구한다.

기본적으로 100만, 200만 다운로드가 되려면 광고를 잘 해야 한다. 그래서 우리는 바이럴 광고를 통해 특정 타깃 층을 집요하게 공략하고 있다.

(5) 재정비 기간을 거쳐 한국발 해외 서비스로 나아간다.

우릴 믿어준 500스타트업에서 다시 한 번 서비스를 분석한다.

2년 전 첫 사업으로 500스타트업 SF 배치San Francisco Batch 프로그램에 선정됐고, 올해는 스푼으로 다시 500스타트업 서울 배치Batch에 들어가기로 결정했다. 팀원들의 개인 역량 강화 및 서비스 재분석과 보완을 위해 참가를 결정했고 많은 기대를 하고 있다.

올 하반기, 해외 진출한다.

인도네시아, 필리핀, 태국, 베트남 등 동남아시아 4개국에 올 하반기 진출할 계획이다. 이들 국가는 한국에 스마트폰이 막 도입됐을 때와 비슷하고 두터운 청년층이 있다. 해당 국가 청년들은 웬만한 앱은 신기해서 다 다운로드해 사용해 보는 경향이 있다. 그리고 모바일 인프라 수준이 높지 않기에 동영상을 마음껏 보기 어려운 환경이다. 때문에 데이터 고민을 덜 수 있는 오디오 콘텐츠가 빈 시장을 채울 수 있겠다고 봤다. 그리고 10~20대 인구 수가 여전히 많은 비율을 차지한다. 우리 서비스의 현재 사용자 80%가 20대임을 감안하면 충분히 수요가 있을 거라고 판단했다.

예상대로 안 될 수도 있다. 하지만 망할 것이 두려워 도전을 주저하고 싶진 않다. 우리 팀의 바람은 한국에서 시작한 글로벌 기업이 되는 거다. 언제 어디서든 녹음해 파일을 올리고, 가지고 있던 파일도 다른 이와 공유하고 언제든 듣고 싶은 콘텐츠가 있을 땐 들을 수 있는 오디오 플랫폼이 되고자 한다.

(6) 잘 하는 사업가로 남고 싶다.

사업을 '잘' 하고 싶다.

예전 모토는 열심히 하는 거였다. 지금은 잘하는 게 목표다. 사업은 열심히만 해서는 안 된다. 사업은 대학교 동아리가 아니다. 시장에서 냉정하게 평가받고 수익을 내야 하는 만큼 유의미한 성과를 거둬야 한다. 그렇게 되기 위해 노력 중이다.

시련은 있어도 실패는 없다.

이 일을 하면서 느끼는 점은 늘 힘들지만 재밌다는 거다. 오히려 사업을 늦게 시작한 게 후회가 된다. 지금보다 나이가 더 어렸다면 기회가 더 많았을 것 같단 생각이 든다. 우리 팀과 나도 오뚝이 같다. 시련은 있어도 실패는 없다는 마음으로 더 나아가려 한다.

출처 : "[Startup's story #335] 마이쿤이 실패를 통해 배운 것", 플래텀

정부는 스타트업 벤처기업을 위한 다양한 정부 연구개발R&D 과제 등을 지원하고 있다. 또한 실패를 지원하는 것의 중요성이 사회적으로 대두됨에 따라 다양한 재도전 사업에 예산을 배정하여 운영하고 있으며, 그 규모도 확대될 예정이다.

참고 중소기업청 재도전 사업

사업명	모집구분		예산 (억원)	소관부처
	지원 대상	주관(수행)기관		
K-Global 창업멘토링	ICT 기반 창업 초기 재도전 기업, 대학창업동아리	(재)한국청년기업가정신재단	29.9	미래부
패키지형 재도전 지원사업	(예비) 재창업자 또는 재창업 3년 미만 기업	창업진흥원 정보통신산업진흥원	88	중기청 미래부
K-Global ICT유망기술 개발지원 (ICT, 재도전 분야)	(창업) 예비 창업자 및 창업 1년 미만의 중소·벤처 창업기업 (재도전) 재도전 기업인의 재창업 기업 * 재창업 기업의 경우 신청일 기준 3년 이내 법인설립 기업에 한함	정보통신기술진흥센터	30	미래부

주 : 부처명은 미래창조과학부 → 과학기술정보통신부, 중소기업청 → 중소벤처기업부 변경 2017.7.20
2017년 창업지원 사업 현황, 재도전 사업

나. 포스트 스타트업 단계 실패

스타트업으로서 성공적인 결실을 맺게 된다고 해도 기업은 끊임없이 혁신과 재탄생을 위한 준비를 해야 한다. 기업은 꾸준히 재탄생을 위한 차세대 먹거리인 '신사업'의 계획을 갖고 있어야만 지속적으로 성장할 수 있다. 그러나 첫 발자국의 성공이 앞으로의 탄탄대로의 여정을 보장하지는 않는다. 실제로 많은 스타트업들이 성공으로 이름을 널리 알리다가도 어느새 사라지는 경우가 많다.

영업으로 성공한 경우, 무엇이든 팔 수 있다는 자신감에 선택과 집중을 하지 않는 무분별한 판매로 기업의 이미지를 만들지 못하고 소비자에게 잊혀지기도 한다. 또한 품질로 성공한 경우, 엄청난 에너지를 품질의 고도화에 쏟아붓지만 실제로 소비자가 그 품질의 차이를 느끼지 못하거나, 소비자의 트렌드를 반영하지 못하는 경우도 있다. 그리고 M&A 등을 통해 외부의 역량을 흡수하는 것에 성공하였으나, 지나친 확장으로 인한 부담과 관리 소홀에 의한 대규모 실패의 사례는 우리나라 중견 · 대기업의 경우에서도 많이 나타난 바 있다. 마지막으로 새로운 발명으로 인하여 성공한 경우, 발명 자체에 집착하여 충분한 검증이 되지 않은 상품을 시장에 내놓거나 충분한 수요가 없는 상품 등으로 몰락의 행보를 걷게 되는 경우도 있다.

따라서 스타트업에서 포스트 스타트업의 단계로 넘어갈 때 주요 상품 또는 서비스의 초기 진입 성공에 안주하여서는 안 된다. 이 성공을 꾸준하게 이끌고 가기 위하여 시장의 진입장벽을 높이기 위한 다양한 전략을 모색하여야 하고, 이를 뒷받침할 꾸준한 혁신 아이템을 고민하는 노력이 필수적이다. 더 큰 성장을 위하여 개방혁신Open innovation을 통해 전략적으로 새로운 스타트업들과의 협력도 생존을 위해 필수적인 과정이 되어 왔다.

이때 창업자들은 자신을 잘 돌아볼 필요가 있다. 사람에 따라서는 기업의 성장과 개인의 성장이 같은 속도로 함께 진행되는 경우도 있지만, 각기 사람이 가진 능력과 기호가 다르듯이 창업자가

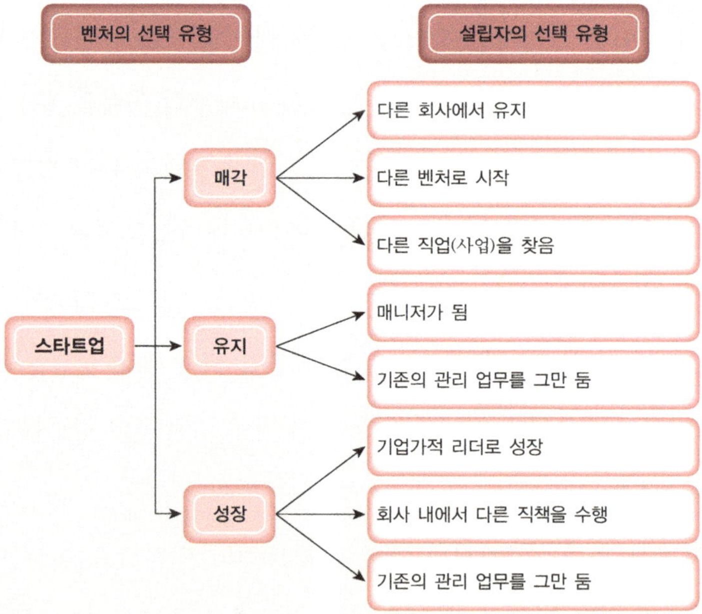

출처 : 「기업가정신 2.0」, 창조경제연구회

▲ Post-Startup에 진입한 창업자들의 선택지

자신의 성공을 목표로 하는 시점과 기준이 다를 것이며, 이에 따른 전략적인 선택도 창업자 개인과 성공 가도를 달리려 하는 스타트업 모두에게 매우 중요한 순간이 될 수 있다.

사례

스타트업에 빠진 사람들 — 재창업 도전에 나선 이유는

(1) 창업의 매력에 빠진 이들… "내 역할은 도전"

김동호 한국신용데이터 대표는 2016년 비대면 리스크 평가 솔루션업체 한국신용데이터를 창업했다. 김 대표는 지난 2011년 '아이디인큐'를 창업하고 5년 동안 회사를 이끌어왔다. 아이디인큐는 모바일 설문조사 서비스인 '오픈서베이'를 출시해 5년 만에 900여 고객사를 확보하는 등 성장 기반을 다듬어 오고 있었다. 하지만 김 대표는 대표직을 황희영 전 부사장에게 넘겼다. 그는 한 달 뒤 다시 한국신용데이터를 창업했다.

김 대표는 "창업자가 계속 대표직을 맡아야 할 필요는 없다"면서 "내가 잘하는 일은 회사를 새롭게 만들어서 회사 기반을 다져 놓는 일이다. 이제 아이디인큐에는 회사·조직을 보다 키우고 체계적으로 관리를 잘하는 대표가 필요한 시기였기 때문에 물러나고 다른 창업에 도전한 것"이라고 말했다.

핀다의 이혜민 대표도 연쇄창업가다. 이 대표는 2013년 눔코리아 대표를 맡아 눔을 국내 시장에 안착시켰다. 다이어트 앱 눔은 2008년 미국시장에서 처음 선보인 후 2013년 한국시장에 진출했다. 이 대표는 눔코리아 기반을 다진 후 회사를 나와 다시 개인별 금융상품 추천서비스 업체 핀다Finda를 창업했다. 자신이 직접 겪은 불편한 점을 해결하고자 창업에 나선 것이다.

이 대표는 "담보대출을 알아보던 중 스타트업 창업자로서 소득이 없으면 은행 상담조차 제대로 받지 못하는 경우가 많았다"며 "이러한 경험을 통해 정보를 습득하는 과정, 상품을 선택하는 방법 등이 소비자 상황에 맞게 서비스되는 경우가 부재하다는 것을 깨닫고 창업을 하게 됐다"고 했다.

차량공유 플랫폼 쏘카를 창업한 김지만 전 대표도 2011년 쏘카를 창업한 후 4년 만에 연매출 500억원의 회사로 성장시킨 뒤 대표직을 이재용 전 최고운영책임자 부사장에게 넘겼다. 쏘카의 주요 주주로만 있던 김 전 대표는 지난해 5월 카풀 애플리케이션 업체 풀러스를 다시 창업했다. 풀러스는 지난해 말 누적 이용자 수 20만 명을 달성하면서 성장추세를 이어 가고 있다.

(2) 연쇄창업자들 현황

창업자	김동호	이혜민	김지만	김재현	허승	노정석	김창원	안병익
현재 회사	한국 신용 데이터	핀다	풀러스	당근 마켓	42 컴퍼니	리얼리 티플리 라렉션	타파스 미디어	포인트 아이
과거 창업한 회사	아이디 인큐	글로시 박스, 눔 코리아	쏘카	씽크 리얼즈	울트라 캡숑	테터앤 컴퍼니, 파이브 락스	테터앤 컴퍼니	식신

(3) 엑시트 후 다시 도전하는 이들…새로운 도전은 언제 어디에나 있다

회사를 성공적으로 매각한 후 다시 도전하는 창업자들도 있다. 인수된 회사에서 안정적인 회사생활을 하기보다는 자신들이 보유한 우수한 기술력을 기반으로 새로운 도전에 나선 것이다.

특히 지난 2010년대 초반 회사를 카카오에 인수를 성공시킨 젊은 창업자들이 대표적이다. 지난 2015년 지역 중고물품 거래사이트 당근마켓을 창업한 김재현 대표, 인도 · 파키스탄 등지에서 스마트폰 잠금앱 '슬라이드'를 운영하는 42컴퍼니를 창업한 허승 대표도 현재 회사가 처음이 아니다. 김 대표는 소셜커머스 모음 사이트 '쿠폰모아'를 개발한 씽크리얼즈를, 허 대표는 소셜데이팅 앱 '너말고 니친구'를 개발한 울트라캡숑을 각각 카카오에 매각했다. 카카오에 인수된 위치 기반 스타트업 로티플 창업자들도 현재 창업을 준비 중이다.

새로운 도전의 연쇄창업자는 최근 현상은 아니다. 테터앤컴퍼니를 창업하고 구글에 매각한 노정석 · 김창원 창업자는 여전히 창업 현장에 뛰어들고 있다. 식신의 안병익 대표는 2000년 포인트아이를 설립하고 상장시킨 후 2010년 O2O 서비스 식신을 창업해 운영하고 있다.

김동호 대표는 "창업에는 항상 정답이 있는 것이 아니다. 회사 설립 단계를 위해 창업에 뛰어드는 창업자가 있고 회사를 더욱 크게 성장시키는 창업자들이 있다"면서 "실리콘밸리에도 다양한 창업자들이 창업을 계속 이어가면서 새로운 시장과 서비스가 생기고 있는 것"이라고 강조했다.

출처 : "'스타트업에 빠진 사람들'..재창업 도전에 나선 이유는", 이데일리

스타트업을 둘러싼 환경

1. 엔젤투자 트렌드—매칭펀드

2. 재도전은 필수다—재창업지원정책

3. 스타트업 IPO 트렌드—상장사다리를 타자

3

StartUp

1. 엔젤투자 트렌드 — 매칭펀드

스타트업의 사업구상 단계에서부터 본격적인 벤처캐피털의 투자를 받기 전 단계까지의 자금 투자를 의미하는 엔젤투자는 초기 스타트업이 기술 개발 악마의 강을 건너고, 사업화에서 죽음의 계곡을 거쳐 마케팅에서 만나는 다윈의 바다를 건널 수 있도록 투자자와 컨설팅의 역할을 함께 수행하는 물심양면의 조력자라고 할 수 있으며, 될성부른 떡잎을 곧게 자라도록 키운다는 점에서 가장 중요한 스타트업 생태계 구성 요소라고 할 수 있다.

하지만 우리나라는 민간 분야에서의 스타트업 투자 생태계가 아직 탄탄한 기반을 갖추지 못한 상황으로 스타트업의 80% 정도가 신용보증기금, 기술보증기금, 중소기업진흥공단이하 중진공 등이 대표하는 정부 정책자금과 은행에서 차입한 자금을 토대로 신규 자금을 조달하고 있다(2014년 중기청(중소기업청, 현재 중소벤처기업부) 자료 기준). 스타트업의 벤처캐피털과 엔젤을 통한 신규자금 조달 비중은 0.4%에 불과하며, 엔젤투자만으로 보면 0.012%에 지나지 않는다.

정부의 정책자금과 은행의 대출은 차입의 형식이기 때문에 주기적인 이자비용 발생으로 기업의 현금흐름에 악영향을 주고

만기에 따른 원금상환 부담이 있어 스타트업의 본분이라고 할 수 있는 적극적이고 공격적인 사업 운영에 장애가 된다. 스타트업이 실패에 대한 부담을 덜고 활발한 재창업 문화가 자리 잡기 위해서는 민간투자, 특히 떡잎을 키우는 엔젤투자의 확대가 반드시 뒷받침되어야 한다.

정부에서는 엔젤투자의 활성화를 위해 2011년 이후 다양한 정책을 추진하고 있고 많은 성과를 내고 있다. 최근 정부의 엔젤 정책은 엔젤투자자를 육성 · 선별하여 지원하는 것에 초점을 맞추고 있는데 이를 통해 엔젤투자의 트렌드로 자리 잡은 투자 방식이 바로 '매칭펀드'이다.

먼저 '엔젤투자매칭펀드' 제도는 엔젤투자자가 스타트업에 투자하면 정부자금을 1 : 1 혹은 1 : 2의 비율로 매칭하여 추가 투자를 일으키는 방식이다. 2016년 말까지 총 519건, 386개 기업, 62억원의 매칭펀드가 지원되었고 2017년 재원은 500억원 규모로 운영되었다. 특히 소규모의 엔젤클럽이 투자하는 비중이 57%로 각양각색의 투자자들이 참여하고 있음을 알 수 있다. 두 번째로, TIPS^Tech Incubator Program for Startup 프로그램은 엔젤투자사 위주로 구성되어 있는 TIPS 운영사가 유망한 스타트업을 발굴하여 1억원 내외의 선투자 및 인큐베이팅을 진행하면 정부 R&D 자금을 5

억원까지 매칭 투자하는 방식이다. 엔젤투자매칭펀드보다 큰 레버리지 효과를 기대할 수 있어 2013년 8월 출범 이후 2016년까지

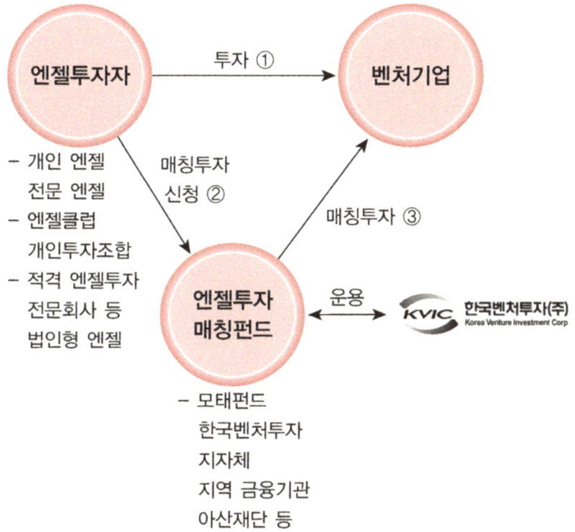

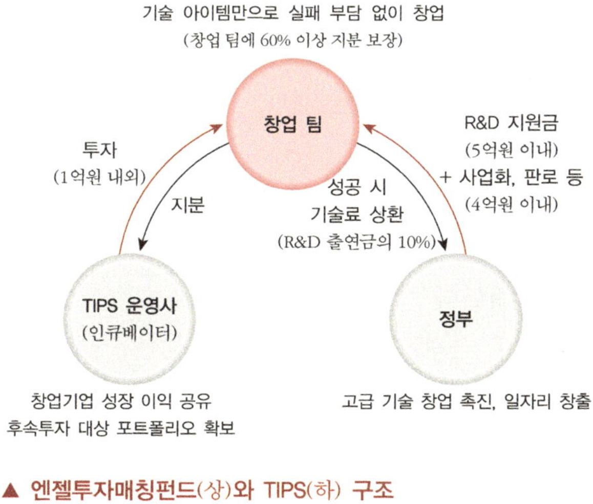

출처 : 한국벤처투자(상), 한국엔젤투자협회(하)

▲ 엔젤투자매칭펀드(상)와 TIPS(하) 구조

60개 창업 팀이 총 2,014억원의 투자를 받으며 제도의 기틀을 쌓았고, 2017년 예산 840억원(신규 205개, 계속 85개)에서 2018년 예산 1,062억원(신규 195개, 계속 205개)으로 증가하며, 한국 최고의 기술창업 프로그램으로 자리매김하고 있다.

매칭펀드의 핵심은 투자처의 선정과 육성을 민간투자기관에 맡기는 것에 있다. 민간 영역이 최대한의 효율을 낼 수 있는 스타트업 투자 분야에서 정부는 정부가 잘 할 수 있는 제도 보완, 인프라 지원에 집중하고 민간은 이를 토대로 스타트업 생태계를 발전시키는 선봉에 선다는 점에서 협력적이고 보완적인 관계로 엔젤투자의 트렌드를 형성하고 있다고 할 수 있겠다.

엔젤투자액은 2010년 341억원까지 감소한 뒤 2011년 이후 급속한 투자액 성장을 거듭해 2015년에는 1,400억원을 기록하였다. 하지만 아직 지난 2000년 벤처붐이 크게 일었을 때의 엔젤투자 규모 5,493억원의 절반도 회복하지 못했다. 정말 필요할 때 지원하는 진정한 벤처투자인 엔젤투자가 확실한 스타트업의 자금줄로 성장하기를 기대한다.

2. 재도전은 필수다 — 재창업지원정책

벤처기업인 출신인 김병관 국회의원이 2017년 2월 17일 기업에 대하여 보증이나 대출을 하는 경우 연대보증을 요구하지 못하도록 하는 내용의 '기술보증기금법', '은행법일부개정법률안' 등 3건의법을 대표 발의했다. 연대보증제도 폐지에 앞장서고 있는 정부는 2018년부터 정책자금 집행에서 연대보증을 완전 폐지하기로 결정했다.

재창업의 가장 큰 걸림돌이 되었던 '대표이사연대보증'은 창업기업이 파산할 경우, 연대보증을 선 대표이사 개인까지 파산, 신용불량자로 전락시키지만 금융기관 리스크 관리의 편의를 위해 공공연하게 요구되어 왔던 제도였다.

기업가가 단번에 스타트업을 성공시키는 일은 거의 불가능에 가깝다. 거의 모든 성공한 창업자들이 한 번 이상의 사업 실패를 겪었다. 지금처럼 창업을 권장하는 사회에서는 이에 대한 책임의 개념으로 재창업을 지원하는 정책이 당연히 수반되어야 한다. 이번 절은 실패한 기업인의 신용회복제도를 중심으로 스타트업 정책 트렌드 중 하나인 재창업지원정책을 살펴본다.

2016년 3월 신용회복위원회(이하 신복위)의 주도로 중소기업

재창업제도의 개편이 있었다. 기존 정책금융기관을 통한 재기지원사업은 중소기업진흥공단, 신용보증기금 · 기술보증기금(이하 신 · 기보) 등의 보증기관, 금융기관협약으로 운영되는 신용회복위원회 등에서 다양하게 시행하고 있었다. 기존 제도의 문제점은 크게 두 가지가 있는데 첫 번째는 재기지원사업이 여러 기관으로 산재되어 있어 효율성이 떨어지고 이용자의 혼선을 초래하는 점, 두 번째는 각 기관마다 사업이 다르기 때문에 신청 경로에 따라 재창업 지원 여부와 규모가 달라지는 형평성의 문제가 발생하는 점이다. 똑같은 사업자라도 어느 기관에 신청하냐에 따라서 결과가 달라지는 것이다. 좀더 실무적으로는 신 · 기보의 경우 재기지원사업에 채무조정(대환대출)이 없어 재창업자가 기존에 있는 채무의 부담으로 재창업 유인을 상실하는 경우가 많았다.

새로운 제도는 보증기관의 자체 재기지원 프로그램을 신복위 재창업지원제도로 통합하였고 채무조정이 필요한 경우와 필요 없는 경우로 나눠 채무조정이 필요한 경우는 신용회복위원회로 창구를 일원화해서 신청 및 심사를 하고 채무조정이 필요 없는 경우에는 신 · 기보의 보증을 끼고 중진공이 재창업자금을 대출해 주는 방식으로 제도가 개편되었다. 이번 개편의 가장 큰 특징은 파산 등으로 인해 신 · 기보가 대위변제한 후 3년 미만인 경우에도 재창업자금 지원이 가능토록 한 점이다.

두 번째 특징은 재창업자금을 위한 사업 아이템 평가 시 한국기업데이터(주) 등의 민간기관에게도 평가를 맡김으로써 좀더 객관적이고 신청인에게 유리한 결과를 이끌 수 있는 기회가 열린 점이다. 기존에는 구상채권을 보유한 공공기관에서 기술성 평가를 수행하다보니 경직적이고 다소 보수적인 평가가 주를 이루었다면 민간평가기관은 이해 관계를 떠나 객관적이고 신속하게 평가를 내릴 수 있다.

기타 사항으로, 국세체납 중이어도 세금분납계획서를 제출하면 자금 지원을 해주는 것으로 개편하였으며, 재창업자금의 지원 방법은 기존 구상채권 보유기관이 독자적으로 실행하는 것에서 신기보 보증을 토대로 중진공이 지원하는 방식으로 변경하여 기관의 책임부담을 감경하였다. 채무조정지원 부분에서는 채무감면의 범위를 확대한 점이 대표적이다. 기존 50%에서 75%까지 감면 범위가 늘어났다.

마지막으로 도덕성 평가가 개선되었다. 창업 실패 과정에 도덕적으로 문제가 되지 않는 사람들은 당연히 재창업을 할 수 있어야 할 것이다. 현행 도덕성 평가는 너무 정량적인 평가에 치우쳐 있다는 문제가 있었다. 공공기관 담당자가 책임을 회피하기 위해

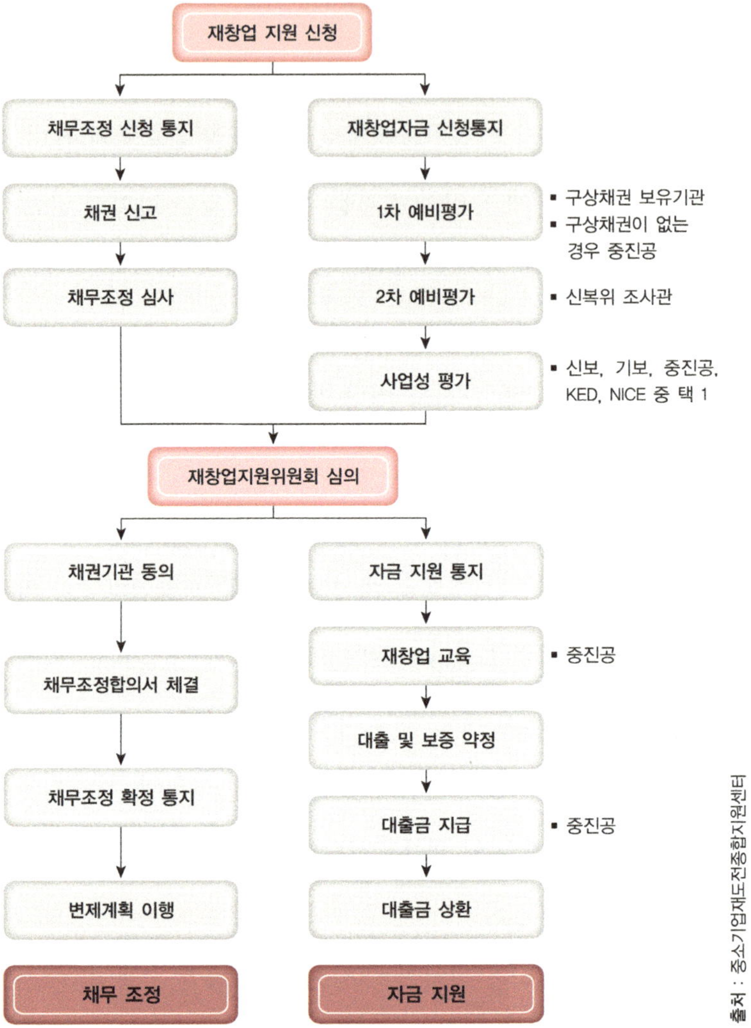

▲ 신용회복위원회 재창업 지원사업

서는 객관적으로 보이는 정량적 계량평가가 선호될 수밖에 없었는데, 개선된 제도에서는 본인 소명의 기회를 더 열어 주는 등 정성적인 평가의 비중을 한층 강화한 점이 눈에 띈다.

신용회복위원회 재창업 지원사업 그림의 왼쪽은 채무조정이 필요한 경우의 프로세스이고 오른쪽은 채무조정이 필요 없는 경우, 다시 말해 자금만 필요한 경우의 프로세스이다. 아직도 절차가 까다롭고 많다는 느낌을 지울 수 없는데, 제도가 점차 개선되어 성실하게 사업하다 실패한 기업인에게 재기의 기회가 더 쉽게 주어지기를 바란다.

3. 스타트업 IPO 트렌드 — 상장사다리를 타자

금융이란 단어는 한자로 쇠 금金자에 녹을 융融자로 풀어쓴다. 쇠 금자를 쓰는 이유는 굳이 화폐의 역사를 살펴보지 않아도 아직도 전 세계가 금속 화폐동전를 쓰고 있음에서 충분히 유추할 수 있겠으나, 왜 이것을 녹이는지에 대해서는 그 의미를 찬찬히 곱씹어 볼 필요가 있다. 금융의 본질은 바로 '녹임'에 있기 때문이다.

자산은 규모나 가치가 커질수록 시장에서 거래가 일어나기 힘들다. 금덩어리가 커질수록 이 사람 저 사람 사이를 굴러다니기 어려울 것이다. 빠른 거래, 쉬운 거래를 위해서는 자산을 분리해야 한다. 금덩어리가 잘게 나눠질수록 시장에 나가 다른 사람들과 주고받기가 쉬워진다. 금덩어리를 자르고 또 잘라서 가루가 되면 물처럼 흐르게 된다. 선조들은 이것을 '녹는다'라고 표현했다. 금융의 진정한 의미는 여기에서 찾을 수 있다. 자산을 잘라서 흐르게 하는 것이 금융의 본질이자 가장 기본적이고 최우선적인 역할이다.

기업 또한 주식이라는 형태로 잘게 자를 수 있다. 기업은 주식을 발행해 스스로를 잘게 잘라 투자자금을 유치하고자 한다. 따라서 주식을 사는 것은 그 기업의 일부분을 잘라 사는 것과 같은 의미이다. 주식회사는 크게 외부 차입과 주식 발행 두 가지 방식으로 자금을 조달한다. 외부 차입은 정기적으로 원리금 상환 부담이 있고 사업 실패 시 연대보증 제도가 창업자의 신용도 및 재도전 기회마저 박탈할 수 있는 부작용이 있다. 주식 발행을 통한 자금 확보는 자산을 잘라서 흐르게 하는 금융 본연의 취지를 살리는 방법으로 시장에서 빠른 자금 확보가 가능하고 이자 상환부담이 없으며 연대보증 등이 필요 없어 기업에게, 특히 모험을 하고 있는 벤처기업에 유리하다.

하지만 우리나라 벤처기업에게 주식 발행 및 지분투자 유치

▲ KRX 스타트업시장 개설 및 통합 인프라 구축

를 통한 자금조달은 아직 꿈과 같은 일에 가깝다. 중소기업청(현재 중소벤처기업부)과 벤처기업협회가 발표한 벤처기업 정밀 실태조사에 따르면 2014년 말 기준 벤처기업의 신규자금 조달방법은 정부정책지원금(46.1%), 일반금융(32.9%)이 대부분을 차지하고 있으며 이 결과 지분 구조에서 창업자, 대표자 및 관련인 등이 차지하는 비중이 약 90%을 넘어서고 있다.

2016년 11월 한국거래소가 운영하는 스타트업 전용 장외시장KRX Startup Market ; KSM이 출범하여 스타트업의 주식을 투자자가 직접 거래할 수 있는 길이 열렸고, 금융투자협회는 2017년 7

월부터 유망 스타트업, 혁신 비상장기업들을 주 타깃으로 하는 K-OTC프로(전문투자자 전용) 비상장 주식거래시장을 개설하여 운영 중이다. 스타트업에도 IPO[Initial Public Offering : 주식공개상장]를 통한 자금조달 인프라가 구축됨으로써 크라우드 펀딩 → KSM, K-OTC → 코넥스 → 코스닥으로 이어지는 '상장사다리'의 연결이 완성되었고 앞으로는 활성화 여부가 관건이다. 중소·벤처기업의 혁신역량 강화를 위한 정책이 '대출'이 아닌 '투자'에 방점을 두는 것은 자산을 '자르는' 금융의 원래 취지와도 정확히 일치하는 방향이다.

자금은 기업을 살아 있게 하는 혈액이자 에너지다. 벤처기업에게 가장 필요한 것은 단연코 활발한 금융을 통한 자금 확보일 것이다. 우리나라 벤처기업은 내 집 안방에 금덩어리가 있어도 잘라서 팔지 못해 자금 부족으로 풍족한 삶을 살지 못하고 있다. 경쟁력 있는 벤처기업이 진정한 금융의 혜택을 누리며 넓은 바다를 항해할 수 있도록 다양한 금융 인프라 지원이 더욱 확대되어야 할 것이다.

실리콘밸리로부터 배운다

StartUp

세계 최첨단 기술의 요람, 실패를 인정하는 문화, 세계의 거대 테크[tech] 기업들의 본진, 혁신과 모험이 끊임없이 이루어지는 곳 실리콘밸리를 연상하면 떠오르는 단어들이다. 이 글을 읽는 지금 이 순간에도 이곳에서는 수천 개의 테크 기업들이 세계를 뒤엎을만한 기술들을 내놓고, 세계에서 가장 활발하게 창업이 일어나고 있다.

실리콘밸리야말로 현재 세계에서 스타트업의 생태계를 가장 완벽하게 이룬 지역이라고 할 수 있다. 이러한 생태계를 바탕으로 이곳은 세계의 모든 창업자들의 메이저리그이자 스타트업의 진원지가 되었다.

이 글을 통해 어떻게 실리콘밸리라는 지역이 탄생하게 되었는지, 그 성장 과정과 현재 세계 스타트업이 된 이 지역의 생태계에 대해 하나하나 살펴보려고 한다. 이를 통해 실리콘밸리의 성공 비밀에 대해 알아보고 스타트업에 관심 있는 독자들에게 공유하려고 한다.

나아가 요즘 실리콘밸리에서 활발하게 일어나고 있는 최신 기술들에 대해 알아보고 마지막으로는 어떻게 하면 한국형 실리콘밸리를 구성할 수 있을지에 대해 함께 이야기해 보자.

1. 스타트업 진원지 실리콘밸리

"실리콘밸리는 모든 창업자들의 시작이자 끝이다".

미국 드라마 '실리콘밸리(2014년 4월 6일부터 방영한 HBO사의 시트콤)'에 나오는 대사이다. 수많은 벤처기업들이 흥망성쇠를 함께 했으며 현재도 진행 중이다. 구글, 페이스북, 애플 등 이름만 들어도 알만한 글로벌 IT 기업들의 성공담을 간직하고 있는 이 지역은 스타트업의 하나의 대명사가 되었고 창업자들에게는 듣기만 해도 가슴이 두근거리는 메이저리그가 되었다.

현재에 안주하여, 안정적인 삶을 살기보다는 비록 당장은 불

출처 : Giantt

▲ 실리콘밸리

안하더라도 꿈을 좇아가는 도시이기 때문에 실리콘밸리에는 세계를 주도하는 혁신적이고 창의적인 소프트웨어의 현재와 미래가 있다.

그렇다면 도대체 어떤 지역을 실리콘밸리라고 할까? 그곳에서는 무슨 기업들이 있으며 어떤 일들이 일어나고 있을까? 지금부터 이 지역에 대해 알아보자.

흔히 실리콘밸리를 직접 가 보지 않은 사람들은 실리콘밸리가 지명이라고 생각할 수 있다. 그러나 내비게이션이나 지도에서 실리콘밸리라는 지명을 찾는다면 찾을 수 없을 것이다.

실리콘밸리는 미국 캘리포니아주 샌프란시스코만을 둘러싼 샌프란시스코 반도 초입에 위치하는 산타 클라라 일대의 첨단기술 연구단지이다. 팰로앨토Palo Alto City시에서 새너제이San Jose City시에 걸쳐 길이 48km, 너비 16km의 띠 모양으로 전개되어 있다.

인구는 가장 큰 새너제이 지역에 100만여 명을 포함하여 약 300만 명이 거주하고 있다. 이 중 외국인 이민자는 약 37.4%이다. 구체적인 인종 비중을 살펴보면 히스패닉이 28%로 가장 많고 이어 중국 15%, 필리핀 12%, 베트남 11%, 인도 11%, 기타 아시아 11%, 유럽 9%, 아프리카와 오세아니아 2%순이다. 특히 컴퓨터 분야로 실리콘밸리에 고용된 25~44세의 근로자 중 74%가 외국에서 출생한 이민자다.

이곳 실리콘밸리의 국내총생산GDP은 캘리포니아주 전체 GDP의 10.3%를 차지하며 평균 수입 또한 미국 전체보다 높은 1인당 약 10만 달러 수준으로 이 지역의 위상을 가늠케 한다. 12월에서 3월까지를 제외하고는 연중 비가 내리지 않아 전자산업에 가장 이상적인 환경을 갖추었으며, 근처에 스탠퍼드 · 버클리 대학 등의 명문 대학이 위치하고 있어 우수한 인력 확보가 쉬운 입지 조건을 갖추었다. 또한 캘리포니아 주정부의 전자회사 유치를 위한 초기의 세제상 특혜 등으로 인하여 세계 유수의 반도체 산업이 한데 모인 첨단기술의 전진기지가 되었다. 실리콘밸리라는 이름도 여기에서 생겨났는데 반도체 재료인 '실리콘'과 산타클라라 인근 '계곡Valley'을 합친 것이다. 실리콘밸리란 명칭은 1970년대부터 널리 쓰였다.

현재는 구글, 페이스북, 애플 등의 첨단 IT 기업을 포함한 크게는 150개에서 작게는 수백 수천 개에 이르는 기업들과 버클리와 스탠퍼드의 학교, 그리고 벤처캐피털에 의해 하나의 거대한 산업 클러스터를 형성하고 있다. 오래전 실리콘밸리는 산타클라라의 과수원이 유명했던 시골 동네였다. 산타클라라 밸리라고도 불리며 특히 자두의 수확량이 많았다고 한다. 왜 당시 MIT나 하버드 등의 명문학교가 있고 발전했던 동부가 아닌 서부의 시골 동네에서 현재의 세계기술 요람이 탄생하게 된 것일까? 역사를 통해 실리콘밸리의 탄생의 비밀을 알아보자.

가. 실리콘 제국 탄생의 비밀—6.25전쟁이 실리콘밸리를 만들었다?

실리콘밸리가 현재의 위치에 있게 된 배경과 그 시작을 이해하려면, 퍼스널 컴퓨터나 인터넷의 탄생이 아닌 미국의 국방산업을 이해해야 한다. 한국전쟁이 일어난 1950년대 당시 스탠퍼드 대학에는 2차 대전 시 하버드대 전파연구소를 이끌었던 프레데릭 터먼 교수가 있었다. 그는 하버드에서 스탠퍼드 공대학장으로 돌아오며 전파연구소의 연구원들을 영입했다.

한국전쟁이 발발하자 미군은 막대한 예산을 들여 소련과의 전자전을 위한 전자장비 개발에 힘을 쏟았다. 이 시기에 스탠퍼드 대학은 다른 동부 유수의 대학을 제치고 군과 협력하는 전파연구소를 설립하였다. 설립 후 미국 정부의 막대한 연구자금을 바탕으로 전파연구소는 성장을 거듭한다. 힘을 얻은 스탠퍼드 대학은 터먼 교수의 정책에 힘입어 스탠퍼드 연구단지를 건립한다. 터먼 교수는 대학과 기업이 함께 시너지를 낼 수 있다고 믿었다. 그는 학생들에게 창업을 장려했고 스스로도 대학 주변 기업들에 조언을 많이 했다. 대학교수가 관련 기업 임원이 되는 것을 적극 권하기도 했다. 그는 대학이 소유하고 있는 지적재산권을 창업하는 학생에게 과감하게 이양하는 정책을 단행해 학생들이 대학 소유기술을 이용해 창업할 수 있도록 적극 도왔다. 대학의 젊은 인재들과 특허를 기업에 낮은 가격으로 제공하고 기업은 일자리를 만들면서 함께 성장하는 모델이었다. 성공한 기업들은 다시 신생 기업에 투자하고 여기서 발생하는 수익으로 대학은 다시 좋은 인재의 교육과 연구에 투자하는 선순환을 이루어냈다.

냉전시대라는 시대적 배경과 실리콘밸리의 아버지 터먼 교수의 정책 덕에 스탠퍼드 대학 주위에는 군수산업에 종사하는 마이크로파 관련 기업이 모여들어 마이크로웨이브 밸리를 형성했다. 그러자 벤처기업을 지원하는 벤처캐피털이 모여들었다. 이들이 어울려 함께 성장하면서 휴렛패커드를 비롯한 IT 기업들이 모여들기 시작했다. 이것이 실리콘밸리의 시작이다.

그렇다면 언제부터 실리콘밸리는 실리콘밸리라고 불리게 되었을까? 윌리엄 쇼클리와 페어차일드 반도체 이야기를 해보자.

윌리엄 쇼클리는 전자공학 분야에서 전설로 불리던 물리학자였다. 그는 팰로앨토시에서 어린 시절을 보냈고 칼텍캘리포니아공과대학에서 학부를 졸업했다. 그리고 MIT에서 박사 학위를 받고 벨 연구소에서 연구를 시작했다. 쇼클리는 존 바딘, 월터 브래튼과 함께 1956년 반도체 연구와 트랜지스터 효과를 발견한 공로로 노벨 물리학상을 수상했다. 그러나 그는 능력만큼 벨 연구소에서 승승장구하지는 못했다. 그 이유는 그의 괴팍하고 독선적인 성격 때문이었다. 그는 바딘과 브래튼과의 사이가 나빠졌으며 경영진으로부터의 신임도 잃으면서 결국 벨 연구소를 나왔다.

1956년 벨 연구소를 나온 그는 그가 어린 시절을 보낸 팰로앨토 근처 마운틴 뷰에 그의 이름을 딴 쇼클리 반도체 연구소를 설립했다. 회사를 세우고 투자를 받았지만 정작 함께 일할 사람들을 찾기란 쉽지 않았다. 벨 연구소 사람들 중에서는 괴팍한 쇼클리를 따라나설 사람이 없었고 다른 동부의 연구자들 또한 시골인 서부로 이주하는 것에 부담을 느꼈다. 그래서 그는 인근 대학과 학회에 참석하면서 주로 박사과정을 졸업한 새내기들을 모으기 시작했다. 그들은 무명이었지만 화학, 물리학 등 각 분야에서 최고의 인재들이었다. 당시의 쇼클리는 몰랐겠지만 이 인재들은 먼 훗날 실리콘밸리의 발전에 결정적인 역할을 하게 된다.

쇼클리가 자기의 분야에서는 가히 세계 최고였을지 모르지만 회사를 운영하며 사람을 관리하는 데에는 매우 문제가 많았다. 그의 편집광적인 집착과 타인의 성과를 인정하지 않고 자신만이 최고라는 듯한 행동에 결국 직원들은 견디지 못하고 회사를 나오기로 결심한다.

1957년, 줄리어스 블랑크, 빅터 그리니치, 진 호엘니, 유진 클라이너, 제이 라스트, 고든 무어, 셸던 로버츠, 로버트 노이스 총 8명은 계약서 대신에 1달러짜리 지폐에 각자 사인을 하고 셔먼 페어차일드와 함께 페어차일드 반도체를 설립한다. 이들이 실리콘밸리의 유명한 배신자 8인이다.

이 회사는 실리콘 기반의 트랜지스터를 대량 생산하면서 급성장한다. 당시의 실리콘 트랜지스터는 게르마늄보다 30배 이상 비쌌지만 고온에서도 안정적으로 동작했다. 이때 결정적인 사건이 일어난다. 소련이 세계 최초로 인공위성 스푸트니크Sputnik : 1957년 10월 4일 소련이 세계 최초 성공한 인공위성를 발사한 것이다. 이에 충격을 받은 미국은 미 항공우주국인 나사를 설립하고 우주 개발에 온 힘을 쏟는다. 이때 우주선, 로켓 등을 제작하려면 고온에서 안정적인 전자부품이 필요했는데 실리콘 트랜지스터가 딱 맞는 기술이었다. 페어차일드 반도체는 강력한 정부 지원 아래 급속 성장을 했고 집적회로 기술 개발 등 혁신을 이뤄 나가며 초고속 성장을 계속한다.

이후 로버트 노이스와 고든 무어는 페어차일드를 떠나 인텔을 차렸으며, 유진 클라이너는 실리콘밸리 최고의 벤처캐피털로 성장하게 되는 KPCB[Kleiner Perkins Caufield & Byers]를 설립한다. 또한 내셔널 세미컨덕터와 AMD도 페어차일드에서 갈라져 나온 회사이다. 이러한 반도체 회사의 급성장으로 1970년대에는 미국 반도체 회사 45개 가운데 40개가 실리콘밸리에 모여들었고 1971년 주간 업계지 『일렉트로닉 뉴스』의 칼럼니스트 돈 회플러가 '미국의 실리콘밸리'라는 제목의 연재 기사를 기고하면서 처음으로 이 지역을 실리콘밸리라고 부르게 된다. 이후 이곳은 오늘날까지 실리콘밸리라 불리고 있다.

그 이후 1970년대 후반부터 PC가 급속도로 개발 · 보급되기 시작한다. 빌 게이츠의 마이크로소프트사는 PC 운영체제인 DOS와 Windows를 개발했고 스티브 잡스의 애플사는 iOS와 애플 컴퓨터, 그리고 최근에는 아이폰[iPhone], 아이패드[iPad], 맥북[MacBook]을 출시해 하드웨어 산업과 더불어 소프트웨어 산업 발전에 엄청난 파급 효과를 주었다. 1980년도를 거쳐 1990년대 이후의 통신기술의 급속한 발전과 인터넷 사용 급증에 힘입어 실리콘밸리는 더욱 급진적으로 발전했다. 그러나 2000년대 닷컴버블 붕괴 이후에 많은 회사들이 도산했으며 거리에는 실업자들이 넘쳐 흘렀다. 지금까지 많은 구조조정 및 재정비의 기간을 지내며, 더욱 폭넓은 기술응용 분야를 창조해내는 실리콘밸리만의 생태 시스템을 만들어 가는 중이며, 애플, 구글, 페이스북 같은 대표 기업들과 크고 작은 기업들은 지금도 성장하며 새로운 역사를 써 나가고 있다.

지금까지 실리콘밸리의 특징과 역사를 통해 실리콘밸리의 기원과 그 성장 과정에 대해 알아보았다. 다음 절에서는 이 실리콘밸리가 도대체 왜[Why] 세계에서 가장 혁신적인 지역이 되었는지, 도대체 그 성공의 열쇠는 무엇인지 알아보자.

2. 실리콘밸리의 생태계

실리콘밸리가 항상 지금처럼 소위 잘 나갔던 것은 아니다. 2000년대 초반 닷컴버블이 일어났을 때 많은 기업들이 위기를 맞았다. 그로부터 약 10여 년 뒤인 지금 애플, 구글, 페이스북 같은 실리콘밸리의 대표 기업들은 더욱 성장하고 있으며, 그 속에서 수많은 스타트업들이 혁신적인 아이디어와 제품, 서비스를 가지고 그들의 가치를 증명하고 있다. 다 죽어갔던 실리콘밸리에서 어떻게 지금처럼 역동적이고 혁신적인 스타트업들이 끊임없이 나올 수 있었을까?

여러 가지 이유가 있겠지만 실리콘밸리의 진정한 힘은 개별 기업이나 개인이 아닌 실리콘밸리를 구성하고 있는 특유의 생태계에 있다고 볼 수 있다. 각각의 생태계 구성원들이 유기적으로 움직이며 지금의 실리콘밸리를 구성하고 있다. 탄생 초기부터 지금까지 새로운 기업과 기술의 성장과 함께 외부 간섭 없이 스스로 진화해 온 실리콘밸리만의 세상이 지금의 세계 창업 1번지를 만들어 낸 가장 크고 중요한 요인이다. 그렇다면 이 생태계를 구성하는 구성 요소와 특성은 무엇인지 살펴보자.

첫 번째, 천혜의 지리적 환경이다. 실리콘밸리는 미국 서부 캘리포니아 북쪽 지역인데, 여름은 습도가 낮아서 기온이 높아도 덥지 않고 겨울은 비만 조금 오고 춥지도 않다. 즉, 연중 내내 화창한 날씨가 지속된다. 이는 반도체 등 전자산업을 이끌어 가기 위한 알맞은 기후 조건이다. 또한 이러한 온화한 기후는 사람을 끌어들인다. 벤처 산업의 중요한 핵심 중 하나는 사람이다. 실리콘밸리는 이러한 환상적인 기후 때문에 사람이 집중되는 지역이다. 사람 하면 주위 명문 대학 또한 관계가 깊다. 실리콘밸리 주위에는 명문 대학인 스탠퍼드와 UC 버클리가 위치하고 있다. 아마도 우리가 아는 테크 회사와 스타트업 대부분이 이 두 학교와 연관이 있을 것이다. 게다가 이 두 대학은 공과대학이 아닌 종합대학으로 엔지니어 말고도 인문, 예술, 경영 분야에 인재가 많다. 대학들은 이렇게 다양한 전공의 인재를 배출하고 이들은 실리콘밸리의 환상적인 기후에 매료되어 이곳에 정착한다.

두 번째, 핵심은 사람이다. 실리콘밸리의 사람들은 다양하다. 실리콘밸리에서는 인종, 나이, 종교 등과 상관없이 평등하게 일할 수 있다. 그래서 이곳은 전 세계에서 유능한 인재들을 빨아들인다. 이민자 비중은 약 38%에 이르며 실리콘밸리 기업의 44%가 이민자에 의해 설립되었을 만큼 이민자들의 천국이다. 애플 창업자 스티브 잡스는 시리아 이민자의 아들이고 페이스북 최고경영자[CEO] 마크 저커버그는 독일·폴란드 혈통이며 구글의 최고경영자인 선다 파차이는 인도계이다. 과학이라는 공통 언어로 전 세계에서 빨아들인 다양한 사고와 경험을 가진 사람들은 기술과 문화를 교류하여 진보적이고 혁신적인 아이디어를 낸다. 이는 세계적인 혁신 기업이 끊임없이 탄생하는 강력한 원동력이 된다.

세 번째, 실리콘밸리의 사람들은 특이하다. 실리콘밸리로 모이는 사람들은 남들과 다른 생각을 하며 가끔 상식에서 벗어나는 행동들을 한다. 이들은 기술로 세상을 뒤엎으려 하고 안정적인 삶보다는 꿈을 좇고 모험을 즐긴다. 또한 이들은 뭘 해도 깊이 몰입한다. 특정 분야에 열중하는 '긱geek 문화'가 여기에서 싹을 텄다. 이들은 단순한 괴짜가 아니라 어떤 일이든 미친듯이 하는 열정적인 사람들이다. 스타워즈나 슈퍼맨, 배트맨에 열광하고 공상소설과 SF 영화를 광적으로 좋아한다. 이러한 몰입과 상상의 힘이 실리콘밸리를 '인류 미래를 예측하는 실험장'으로 키웠다.

네 번째, 끊임없이 도전하고 혁신하는 기업가정신이 있다. 실리콘밸리는 안정적인 삶보다는 꿈을 좇는다. 혁신에 가치를 두고 어떠한 위험도 감수한다. 많은 이들이 획일화된 안정을 추구하는 것과는 달리 이곳에는 다양한 것을 시도해 보고 접목하는 도전정신이 사회 저변에 문화로 깔려 있다. 실리콘밸리에서는 거의 모든 분야에서 혁신을 추구한다고 해도 과언이 아니며, 사회 분위기와 문화 자체가 도전정신을 모토로 하고 있기에 혁신은 사소한 문제점조차도 확대해 해결책을 모색하는 방식으로 표출된다. 이러한 도전과 모험정신이 활성화된 주요 원인 중 하나는 바로 실패를 자산으로 삼는 문화이다. 우리나라같이 실패에 너그럽지 않은 문화에서 한 번 실패한 이력이 있는 창업가에게 투자할 벤처캐피털이나 사모펀드가 얼마나 있을까? 반면 실리콘밸리의 벤처 투자가들은 실패한 창업가에 대해 너그럽다. 그들은 투자 시 '사람'을 가장 많이 보고, 개발 제품의 현재 가치보다는 미래의 잠재성장 가치에 더 큰 점수를 준다. 이러한 현지문화는 창업 활동이 자발적으로 일어날 수 있는 환경을 제공하고 자유로운 기업문화와 기술 교류와 같은 능동적인 문화를 창출하고 지속시키고 있다.

다섯 번째, 실리콘밸리는 공유한다. 소위 실리콘밸리족이라고 하는 사람들은 개방적이다. 실리콘밸리에서 혁신을 이끌고 있는 기업에 가보면 대부분 사무실에 칸막이가 없는 것을 볼 수 있다. 원활한 의사소통을 지향하는 사회적인 분위기가 기업문화에까지 영향을 주고 있다. 또 실리콘밸리에서는 기술이 개발되면 서로 공유하고 자유롭게 활용할 수 있도록 개방하는 경우가 흔하다. 기업들은 자신들의 기술에 대해 오픈소스가 일반적이며, 기술 독점보다는 오픈 이노베이션 관점에서 협업을 즐긴다. 실패도 공유하여 똑같은 실수를 반복하지 않도록 서로 거대한 네트워크를 이루고 있다. 한국이였다면 과연 서로의 지식과 기술, 그리고 성공과 실패의 경험까지도 공유했을까? 실리콘밸리에서는 성공은 물론 실패의 경험도 공유한다. 실리콘밸리 사람들은 자신의 지식을 다른 사람과 공유하는 것이 오히려 새로운 기회의 확장 가능성을 높일 것이라고 믿는다.

여섯 번째, 실리콘밸리에는 다 있다. 실리콘밸리에는 창업을 하기 위한 모든 인프라가 구성되어 있다. 즉, 창업자가 세상의 중심이다. UC 버클리와 스탠퍼드와 같은 교육연구기관에서는 해마다 세계 최고의 인재들을 공급하고 있으며, 캘리포니아 주정부와 법률가, 회계사들도 창업자들을 지원해 준다. 이들은 창업에 있어 필요한 회사 설립이나, 투자, 엑시트Exit : 투자금 회수 등에 있어서 적극적으로 법률적, 그리고 회계적으로 상담과 조언을 아끼지 않는다. 특히 가장 중요한 인프라인 투자 규모가 전 세계에서 가장 크다. 엔젤투자자나 벤처캐피털은 좋은 아이디어를 가진 창업자들이 있는 곳이라면 어디든 가서 만나고 그들의 아이디어에 투자한다. 실리콘밸리는 미국 벤처캐피털 투자의 절반을 차지하고 있으며, 현지 테크 기업들과 자연스럽게 융합되어 엄청난 가치를 창출하고 있다.

마지막으로 실리콘밸리의 활발한 인수 · 합병 문화가 생태계의 선순환을 가능하게 한다. 실리콘밸리에서는 대기업이 창업한 지 채 1년도 안 된 신생기업을 인수 · 합병하는 일을 심심치 않게 볼 수 있다. 또한 그보다 더 오래된 기업이라도 자금이 있는 대기업들은 그들이 필요하다고 생각이 되면 적극적으로 기업들을 인수한다. 이러한 인수 · 합병 문화 덕에 스타트업들의 엑시트가 활발해졌고 결과적으로는 생태계의 선순환이 가능하게 되었다. 스타트업이 엑시트를 함으로써 창업가와 벤처투자자는 투자금을 회수할 수 있다. 그렇게 되어야 창업자도 제2의 창업에 도전하고 투자자도 다른 기업에 투자할 수가 있는 것이다. 결국은 활발한 인수 · 합병을 통해 돈이 순환되고 그로 인해 생태계가 활성화될 수 있는 것이다. 이렇게 인수 · 합병이 활발한 이유는 대기업들이 인수 · 합병이 경쟁보다 효율적이라는 것을 잘 알고 있기 때문이다. 자고 일어나면 혁신적인 기술들이 탄생해 있는 실리콘밸리에서는 큰 기업들은 사업을 유지하기 위해 경쟁보다 인수 · 합병을 통해 경쟁자를 자신의 편으로 만드는 방법을 사용한다.

3. 실리콘밸리 최신 기술 트렌드

미국 드라마 '실리콘밸리'의 오프닝을 자세히 보면 10초도 안 되는 짧은 시간 동안 지난 몇 년간 실제 실리콘밸리에서 일어난 대표적인 사건들을 상징적으로 보여 준다. 새로운 애플 캠퍼스가 지어지고, 넷스케이프 간판이 내려간 자리에 구글 크롬 간판이 올라가고, 구글의 간판 위로 알파벳 간판이 세워진다든가, 페이스북 간판 옆에 오큘러스 간판이 세워지고 이후 더 커진 페이스북 간판에 먹히는 식이다. 이렇게 이곳은 끊임없이 변화하고 있다. 그렇

▲ 실리콘밸리

다면 다음 세대에는 어떤 회사가 페이스북 간판 옆에 자신의 이름을 세우게 될까?

가. 실리콘밸리에서 AI 밸리로 — 인공지능의 시대가 오다

2016년 3월 구글의 인공지능 바둑 프로그램인 알파고가 세계 최상위 프로 기사인 이세돌 9단에게 4승 1패로 승리하며 세계를 놀라게 했다. 이 세기의 사건은 인공지능이 예상을 뛰어넘을 정도로 발전하고 있다는 것을 대중들에게 증명했고 인공지능에 대한 관심이 크게 높아졌다.

인공지능이란 무엇일까? 인공지능이란 컴퓨터가 인간의 지능적인 행동을 따라하며, 스스로 학습하고 생각하여 스스로 판단할 수 있도록 만드는 기술이다. 실리콘밸리가 4차 산업혁명의 핵심 기술인 AI 밸리로 변신하고 있다. 모바일과 소셜미디어가 주력인 산업의 무게 중심이 인공지능으로 급격히 이동하고 있다.

구글의 최고경영자 선다 피차이는 구글 I/O 컨퍼런스에서 모바일 퍼스트에서 인공지능 퍼스트로 전환했으며 모바일 왕국 구글은 이제 인공지능의 새로운 시대를 열겠다는 야심을 드러냈다. 애플, 페이스북과 같은 다른 실리콘밸리의 테크 공룡들도 인공지능 시장을 주도하기 위해 엄청난 돈을 인재와 R&D 개발에 쏟아붓고 있다.

또한 실리콘밸리의 벤처캐피털에 투자를 받으러 오는 기업의 절반 이상이 인공지능 기반의 기업들이다. 그만큼 지금 이곳은 기업도, 사람도, 돈도 인공지능으로 몰리고 있다.

이러한 인공지능 기술이 일으키는 실리콘밸리의 지각변동을 살펴보자.

첫 번째, 음성인식 기반의 인공지능 대중화이다.

요즘 우리가 가장 쉽게 접할 수 있는 인공지능은 음성인식 기반의 인공지능이다. 음성인식 기반의 인공지능은 우리의 자연어를 통해서 만나볼 수 있는 음성인식 서비스를 제공한다. 가장 많이 알려진 것은 아마존의 음성 비서 알렉사Alexa이다. 음성인식을 통해 스마트홈, 아마존 쇼핑, 음식 배달, 음악 감상 등을 할 수 있다. 아마존의 스피커 에코Echo는 인공지능 스피커 시장에서 70% 이상의 점유율을 가지며 시장을 선도하고 있고 구글도 구글 어시스턴트를 탑재한 구글 홈을 출시하며 20% 이상의 시장점유율을 보유하고 있다. 근래에는 인공지능이 스피커뿐만 아니라 다른 스마트 기기에도 장착되고 있으며 궁극적으로는 모든 스마트 기기에 장착되어 성장하고 있는 사물인터넷 분야에서 매우 중요한 역할을 할 것으로 보인다. 최근에는 국내의 네이버와 카카오도 인공지능 스피커 시장에 진출하였다.

또한 스마트폰에 기반을 둔 음성인식 인공지능도 있다. 애플의 시리Siri나 삼성의 빅스비Bixby 등이 그 예이다. 그러나 이러한 인공지능들도 스마트폰에 국한되지 않고 모든 전자기기에 탑재할 수 있도록 개발 중이다.

이러한 음성인식 기반 인공지능들은 아직 완벽하게 사람처럼 말하고 응답하는 수준은 아니지만, 적용 제품이 증가하고 기술이 발전함에 따라 실제 생활에 많은 영향을 줄 것으로 기대한다.

두 번째, 헬스케어 분야이다.

실리콘밸리의 헬스케어 시장은 인공지능 기술과의 결합으로 한 단계 진화 중이다. 인공지능을 활용해 정확한 질병의 진단과 알맞은 치료 가이드라인을 제공하고, 나아가 인간의 노화 방지를 통한 생명 연장의 꿈을 이루기 위한 활발한 기술 개발이 한창이다. 인공지능 헬스케어는 질병의 진단을 넘어 수술과 치료, 그리고 예방과 관리차원으로 영역을 넓혀가고 있고 다이어트, 건강 관리 등 개인별 서비스 부분 등 전 분야로 확대되고 있다.

조사기관에 따르면 인공지능과 결합한 헬스케어 시장은 연평균 40% 이상씩 성장하여 2021년에서는 67억 달러를 넘을 것으로 전망되고 있다. 이러한 전도유망한 시장에 투자자들 역시 적극적인 투자를 하고 있다. 2016년 2월 기준 '미국의 인공지능 기반 헬스케어 스타트업 투자현황'에서 약 32개 스타트업에 총 5억 3,500만 달러한화 약 6,016억원를 투자한 것으로 나타났다.

그렇다면 실리콘밸리에서 인공지능 헬스케어 시장을 주도하고 있는 기업은 누구일까? 산업의 경계가 사라지는 4차 산업혁명 시대에서 시장을 주도하고 있는 기업들은 기존의 전통적인 헬스케어 기업들이 아닌 IBM, 구글, 페이스북, 애플 등의 실리콘밸리의 IT 기업들이다. 이들은 인공지능 헬스케어 시장에서 플랫폼과 솔루션 개발을 통해 시장을 선점하기 위해 막대한 투자와 연구를 진행 중이다.

사실 놀라울 것이 없다. 미래 헬스케어 시장에서의 핵심 기술은 데이터 수집과 분석을 통한 빅데이터와 인공지능 딥러닝 기술이므로 인공지능에서 핵심 기술을 보유하고 활발한 투자 및 개발을 진행하고 있는 기업들이 시장을 선도하는 것은 당연하다. 그렇다면 이들은 각자 어떤 분야에 집중하고 있는지 알아보자.

가장 먼저 헬스케어 시장의 출사표를 낸 기업은 IBM이다. IBM은 2010년 헬스케어 부문에 1억 달러를 투자하면서 시장에 뛰어들었고 2015년에는 인공지능 왓슨Watson을 헬스케어 부문에 적용했다. 또 대표적인 헬스케어 데이터 분석회사 트루벤Truven Health Analytics 인수를 포함하여 2016년에는 헬스케어 부분에 40억 달러 이상을 투자했다. 이 밖에도 지속적으로 다양한 헬스케어 분야 스타트업에 투자하고 있다. 이 결과로 IBM의 헬스케어 인공지능 시스템이 2021년에는 전 세계 시장 점유율 45%로 관련 시장을 주도할 것으로 전망되고 있으며, IBM의 대표적인 인지 컴퓨팅 '왓슨'은 빅데이터를 이용하여 의학 정보를 학습해 암을 진단하고 있다. 왓슨과 전문의들과의 진단 일치율은 대장암 98%, 직장암

96%, 자궁경부암 100% 등으로 높게 나타나고 있다.

구글 또한 2013년 15억 달러를 투자하여 바이오 회사 칼리코Calico를 설립해 IT 기술을 활용한 인간의 노화 방지, 즉 인간의 생명 연장을 위한 연구를 시작했다. 투자에도 막대한 자금을 투입하고 있다. 2014년 구글 벤처스는 총 투자금액 중 36%에 달하는 4억 2,500만 달러(한화 약 4,781억원)를 바이오테크 관련 업체에 투자했다. 또 2015년에는 빌 게이츠와 공동으로 일명 유전자 가위라 불리는 크리스퍼Clustered Regularly Interspaced Short Palindromic Repeats ; Crispr 기술을 활용하는 에디타스 메디슨Editas Medicine에 총 금액 1억 2,000만 달러(한화 약 1,350억원)에 달하는 자금을 투자했다. 칼리코는 바이오테크 기업인 C4 테라퓨틱스와 협력 관계를 맺고 암을 포함한 노화 방지 신약을 개발하고 있으며, 구글 모회사인 알파벳Alphabet 산하 베릴리Verily는 스위스 제약회사 노바티스와 제휴를 맺고 당뇨 환자의 눈물 속 혈당치를 측정하는 '스마트 콘텍트렌즈'를 제작, 공동 프로젝트를 진행하고 있고 손 떨림의 진동을 예측 · 파악하는 스마트 스푼을 개발하여 파킨슨병을 앓고 있는 사람들의 안정적인 식사를 돕는 등 활발한 연구 개발을 진행 중이다.

페이스북과 아마존도 각각 헬스케어 연구를 위한 회사를 설립하고 자신들이 가진 인공지능 기술과 접목하여 활발한 투자와 개발을 진행하고 있다. 애플은 2014년부터 자사의 헬스케어 및 의학 플랫폼인 헬스키트-리서치키트-케어키트를 통해 다양한 앱 개발 환경 제공과 사용자 건강 데이터 수집에 중점을 두고 있다. 이를 이용해 예방부터 진단·관리까지 통합되는 건강 종합플랫폼을 구축하기 위해 연구 및 투자를 진행하고 있다. 특히 사용자의 건강 관련 데이터를 통합적인 이미지로 보여주는 방식으로 연구·개발 중이며, 애플 헬스케어와 관련된 애플리케이션을 애플 특유의 사용자 경험User Experience ; UX 관점에서 지속적으로 개발하고 있다.

셋째, 자율주행차이다.

딥러닝을 통한 인공지능의 발달이 불러올 가장 큰 변화 중 하나가 바로 자율주행차이다. 자율주행차의 출현은 삶의 많은 부분에서 변화를 가져올 것으로 예측된다. 예를 들면 자율주행차가 보편화된다면, 버스나 다른 대중교통을 기다릴 필요가 없다. 자율주행차가 집 앞에 나타나 원하는 목적지에 정확히 데려다주고 교통수단이 없는 외딴 곳에서도 이러한 서비스를 이용할 수 있다. 이밖에도 자율주행차는 가까운 미래의 사회에 큰 변화를 가져올 것이다.

자율주행차 산업의 가장 특이한 점은 기존의 전통적인 자동차 제조사인 GM이나 포드, 도요타 외에도 기존 자동차 산업과 연관이 없는 기업들의 기술 개발 참여와 투자가 매우 활발하다는 것이다. 특히 실리콘밸리의 구글, 애플, 마이크로소프트, 인텔, 엔비디아 등의 대표 기업들의 기술 개발과 투자가 매우 활발하다. 그렇다면 실리콘밸리의 주요 기업별 자율주행 기술 개발 투자 및 특징을 알아보자.

실리콘밸리에 위치한 미국 최대 전기자동차 업체 테슬라Tesla는 자율주행차에서도 선두를 달리고 있다. 테슬라는 자사의 차량에 오토파일럿Autopilot이라는 자율주행 시스템을 도입하고 있다. 테슬라는 2016년 오토파일럿 모드 상태에서 주행 중 운전자가 사망하는 사고를 계기로 오토파일럿의 안전성을 대폭 강화한 자율주행 자동차를 개발하기 위해 전력을 다하고 있다. 최고경영자인 일론 머스크는 2017년 말까지 뉴욕에서 LA까지 운전자 없이 운전 가능한 수준의 자율주행차를 출시하겠다고 발표했다. 이는 다른 자율주행차 업체의 목표인 2020년보다 크게 앞선 시기이다.

사실 실리콘밸리에는 테슬라 외에 자동차를 실제로 생산할 수 있는 기업은 없다. 다른 실리콘밸리의 자율주행 기술 개발 기업들은 대부분 IT 기업이거나 반도체 기업, 카 셰어링 기업이다. 개발 초기에는 이들이 직접 차량 제조업까지 뛰어든다는 설이 있었으나 지금은 전통적인 자동차 제조사들과 파트너십 등 협력 관계를 통해 자율주행 소프트웨어를 개발하는 데에만 집중을 하고 있다.

구글은 현재 모든 경쟁사 대비 최장거리(200만 마일 이상)의 시범 운행을 통해 가장 많은 자율주행 데이터를 축적한 것으로 알려져 있다. 2016년 12월 사내 자율주행 프로젝트를 웨이모Waymo로 분사하였으며 자동차 산업 인력들을 스카우트하여 기술 개발에 나서고 있다. 또한 자동차 메이커인 피아트 크라이슬러FCA와 파트너십을 통해 긴밀한 협력 관계를 유지하고 있다.

인텔은 계열사인 the Wind사를 통해 자율주행 기술을 개발 중이었으며, 자율주행 기술을 보유한 이스라엘 기업인 모빌아이Mobiileye를 153억 달러(한화 약 17조원)에 인수하며 본격적인 자율주행 기술 개발에 뛰어들었다. 모빌아이는 대부분의 주요 자동차 제조업체에 카메라, 센서 및 소프트웨어를 공급하는 대표적인 자율주행 기술 기업이다.

대표적인 카 셰어링 서비스 기업인 리프트Lyft와 우버도 자율주행차 개발에 앞장서고 있다. 우버는 자율주행차 개발을 위해 볼

보와 함께 한화 약 3,300억원을 기술 개발에 투자하고 있으며, 자율주행 트럭 스타트업 오토Otto를 인수했다. 리프트 또한 자율주행차 개발을 위해 GM과 협력 관계를 유지하고 있으며 GM으로부터 총 5억 달러의 투자를 받았다.

조금 늦은 애플 역시 자율주행의 핵심 기술인 머신러닝 부문에 투자를 집중하고 있으며, 캘리포니아 주정부로부터 정식 허가를 얻어 2017년부터 주 내 자율주행실험을 진행 중이다. 자동차 제조사들도 실리콘밸리의 자율주행차 관련 기업들에 엄청난 투자를 하며 기술 선점을 위해 노력하고 있다.

GM은 2016년 자율주행기술 기업인 크루즈 오토메이션Cruise Automation사를 인수하고 리프트사에 5억 달러를 투자했으며, 무인 자율주행택시 출시를 목표로 자율주행차 공동개발 중으로 해당 회사의 전기자동차인 Bolt EV를 자율주행차로 활용할 계획을 가지고 있다. Ford는 2021년까지 자율주행차 개발 완료를 목표로 인공지능 벤처기업 Argo AI사에 5년 동안 약 10억 달러를 투자했다. 도요타나 BMW 등도 실리콘밸리의 기업들과 파트너십을 맺거나 직접 연구소를 설립하여 자율주행차 연구 개발을 진행 중이다.

실리콘밸리의 인공지능 기술은 자산 관리, 대출, 고객 지원을 하는 금융 서비스 산업에도 활용되고 있다. IBM의 인공지능 로봇 왓슨은 소비자들에게 상품 선택, 인증, 결제, 서비스 제안까지 통합 솔루션 서비스를 제공하며, 디지털 기반의 금융사들의 각광을 받을 전망이다. 이 밖에도 인공지능은 여행업, 배송업, 서비스업 등 전 산업 분야에서 이용될 것으로 예상된다. 인공지능의 발전은 우리의 삶을 보다 혁신적이고 편리하게 만들어 줄 것이다.

4. 실리콘밸리의 찬란한 성공의 이면

빛이 밝으면 그림자가 짙다고 했던가. 많은 창업자들이 꿈꾸는 실리콘밸리는 마냥 천국과 같이 젖과 꿀이 흐르는 땅만은 아니다. 실리콘밸리는 매일 세상을 뒤흔들 만한 혁신을 만들고 있지만 그 이면은 많은 문제와 어려움도 안고 있다. 본 절에서는 실리콘밸리의 어두운 면을 이야기하고자 한다. 성공과 환상의 그늘에 가려진 현실을 이야기함으로써 이 지역에 대한 더 깊은 이해를 기대한다.

가. 그들이 캠핑카에 사는 이유

팰로앨토의 도로변에는 캠핑카들이 줄지어 주차되어 있다. 창문은 커튼으로 가렸고 주변에는 자전거와 의자 등이 어지럽게 널브러져 있다. 이곳의 캠핑카들은 자유로운 여행을 위한 것이 아닌 캠핑카 거주족이 사는 생활 터전이다. 이들은 이곳에서 자고, 세수와 용변 등은 인근 마트와 공원 공공화장실에서 해결한다. 이들은 대체 왜 주택을 두고 캠핑카에서 생활할까?

젠트리피케이션Gentrification이라는 현상이 있다. 젠트리피케이션은 영국의 사회학자 루소 글라스가 만든 용어로, 낙후된 구도

▲ 실리콘밸리 캠핑카족

심이 번성하여 고급 주택화가 되는 반면, 치솟는 물가와 집값으로 인해 현지 주민들을 다른 지역으로 쫓아내는 현상이다.

IT 기업들의 성공과 함께 수많은 벤처기업들이 실리콘밸리로 몰려들면서 이곳의 집값은 예상치 못한 수요로 가격이 폭등하기 시작했다. 세계 최고 시가총액의 IT 기업들이 몰려 있고 직원들 또한 억대 연봉을 받는 고소득자들이기 때문이다. 『이코노미스트』 지에 따르면 샌프란시스코의 집값은 뉴욕을 제치고 세계에서 가장 비싼 도시라는 타이틀을 얻게 되었다. 현재도 집값은 올라가고 있고 이에 따른 렌트비, 물가도 치솟고 있다. 이 때문에 오래전부터 실리콘밸리에 거주하던 주민들은 자의 반 타의 반으로 외곽 지역으로 내쫓기고 있다. 캠핑카족도 이 젠트리피케이션 현상의 하나이다. IT 기업이 한 번 주식 상장을 할 때마다 실리콘밸리의 많은 주민들은 더 가난한 동네로 밀려난다.

또 다른 유형의 실리콘밸리의 젠트리피케이션 현상을 하나 이야기해 보자. 오클랜드의 유명 농구팀인 골든 스테이트 워리어스Golden State Warriors는 명실상부한 NBA 최고의 농구팀이다. 실리콘밸리의 발전으로 유명인사들과 고소득자들의 방문이 늘어나면서 손님에게 NBA 경기 관람을 시켜 주는 것이 문화로 자리잡게 되었다. 구단 관계자는 이러한 수요에 맞추어 티켓 가격을 올리기 시작했고 그에 따라 티켓 가격은 급등하였다. 구단을 사랑해온 지역민들은 구단 정책에 반감을 가졌고, 워리어스는 지역 팬들의 마음을 잃기 시작했다.

이러한 젠트리피케이션 현상으로 실리콘밸리에서는 지역 주민들과의 갈등이 깊어지고 있다. 지역 주민들은 IT 기업들 때문에 집값과 물가가 상승해 삶의 터전이 위협받고 있다고 주장하고 있다. 또한 IT 기업들이 많은 혜택을 받아 지역 주민들은 상대적인 박탈감을 느끼며, 생활에 불편함을 초래하고 있다고 주장하고 있다. 대표적인 것이 주요 IT 기업들이 운영하는 직원 출퇴근용 셔틀버스다. 주민들은 셔틀버스가 일반 버스 정거장에 맘대로 설 수 있는 게 부당하다고 지적한다. 차가 막혀 장을 보러 가거나, 자녀를 등하교시키는 데 애로를 겪는다. 이에 셔틀버스 운행에 반대하는 시위가 벌어졌고, 때로는 기물 파손 사태로 번지기도 했다.

또한 IT 업체가 많이 몰려 있는 마운틴뷰, 서니베일, 멘로파크, 레드우드시티, 팰로앨토 등은 극심한 차량 정체와 주차난으로 유명하다. IT 기업들이 많아질수록 건물 신축, 직원 채용도 함께 늘어나 해마다 혼잡은 가중되고 있는 상황이다.

이처럼 실리콘밸리의 성공과 번영이 지역 공동체 모두를 행복하게 하는 것은 아니다.

나. 부의 불균형—중산층의 몰락

실리콘밸리는 미국에서 가장 많은 돈과 부자를 만드는 꿈의 장소이다. 수십 명의 억만장자가 탄생했고 수천 명의 백만장자가 나왔다. 또한 애플, 페이스북, 구글, 인텔, 마이크로소프트 등의 거대 기업에서 일하는 엔지니어는 평균 1억이 넘는 고연봉을 받으며 일하고 있다.

단편적으로 본다면 실리콘밸리는 말 그대로 부자들의 지역이다. 그러나 실상은 좀 다르다. 실리콘밸리의 직종은 현재 크게 첨단 산업에 종사하는 고급 두뇌직과 이들의 업무 환경을 만들어 주는 서비스 계약직으로 나눌 수 있는데 실리콘밸리에서 흘러나오는 막대한 부는 소득 상위 계층에게만 집중되고 있다.

이들이 주거비나 교통비 등 모든 물가를 증가시키고 있으나, 레스토랑에서 일하거나 청소를 하는 사람들의 급여는 거의 증가하지 않고 있다. 실제로 엔지니어들은 평균 시간당 60달러의 임금을 받는 반면 저임금 노동자들은 여전히 시간당 15달러의 임금을 받으며 생활하고 있다. 실리콘밸리의 살인적인 생활 물가는 이런 수준의 임금으로는 초과 근무를 해도 감당하기 어려워 빈곤의 악순환이 반복되고 있다. 결과적으로 중산층의 비율은 점점 줄어들고 있으며 빈부 격차가 점점 커지고 있다. 임금 불평등 확산과 줄어드는 중산층은 지역 경제를 불안하게 만들고 미래의 성장에도 위협이 되고 있다.

중산층이 없고 사람과 기술이 항상 더 새로운 것들로 채워져야 돌아가는 이곳은 새로운 것이 없으면 쓰러지고 마는 불안한 두발자전거와 같다. 실리콘밸리 덕분에 미국은 세계에서 가장 혁신적인 나라가 됐지만 동시에 빈부 격차가 가장 심한 나라가 되기도 했다. 실리콘밸리의 창업가들은 그동안 기술과 열린 세계가 더 좋은 세상을 만든다고 믿고 혁신과 창업에 몰두하지만 동시에 그러한 혁신적인 기술의 혜택을 모든 사람들이 받을 수 있도록 길을 찾으려고 노력해야 할 것이다.

다. 기술독재, 성추문으로 위기를 맞은 실리콘밸리

위에서 이야기한 젠트리피케이션, 빈부 격차 외에도 첨단산업에서의 실리콘밸리의 위상은 많은 문제점을 야기시키고 있다.

그중 하나가 기술업계 거물들의 부의 영향력이 야기하는 문제들이다. 기술독재라고 표현되는 이 문제는 실리콘밸리의 억만장자들이 온갖 수단을 동원하여 자기 뜻대로 일을 움직이려고 하는 데에서 비롯되었다. 피터 틸은 페이팔 공동창업자로 IT 투자자이며 독점주의자로 잘 알려져 있다. 그는 프로레슬러 헐크 호건이 가십 전문매체 고커Gawker 미디어를 상대로 제기한 소송에 약 1,000만 달러를 들여 그를 은밀히 도왔다. 그 이유는 이 미디어가 이전에 자신이 동성애자라는 사실을 폭로했던 곳이기 때문이다. 다른 예로 페이스북 최고경영자 마크 저커버그는 누구도 자신의 집 안방을 들여다볼 수 없게 하려고 주변의 주택 4채를 몽땅 사들여 철거하느라 3,000만 달러를 날렸다.

그 외에도 실리콘밸리의 거물들이 자신의 뜻을 위해 영향력을 행사한 사례는 적지 않다. 인터넷 정보 서비스 업체 세일즈포스의 최고경영자 마크 베니오프는 미국 인디애나 주의회에 성소수자가 차별당할 수 있는 법안이 상정되자 "인디애나주에서 투자를 철수하고, 직원들을 그곳으로 출장 보내지 않겠다"고 으름장을 놓아 법안 통과를 무산시켰다.

대중들은 이러한 기술독재 이야기를 듣고 분노하며 실리콘밸리가 현대판 로마제국이라고 비판한다. 카이사르가 군림하던 시대처럼 지금의 세계도 지구 대부분을 호령하는 첨단 '도시국가' 실리콘밸리에 시달린다. 그들은 정복하는 곳마다 기술과 문화를 강제로 주입하고 막대한 재화를 가져가며, 영향력을 행사한다. 틸이 미디어를 상대로 술수를 부린 행동을 보면서 우리는 소수의 엘리트가 모든 영향력을 갖는다는 느낌을 실감한다.

실리콘밸리는 이러한 문제에 대해 대비할 필요가 있다. 그렇지 않는다면 대중과 정부의 계속되는 비판을 피하지 못할 것이다.

최근 실리콘밸리에서 퍼지고 있는 또 하나의 문제는 성추문 사건들이다. 실리콘밸리의 여성 창업가들이 벤처캐피털리스트로부터 당한 성추행과 성희롱을 최근 잇달아 폭로하고 있다. 이후에 그 벤처캐피털 기업의 대표들은 회사를 떠났고 이는 실리콘밸리에 큰 파문을 만들고 있다. 실리콘밸리 기업의 창업자들도 마찬가지 문제를 일으켰다. 차량공유 서비스 업체인 우버의 창업자인 트래비스 캘러닉은 우버의 성희롱 문화가 공개되면서 최고경영자 자리를 떠났다.

한 매체에 따르면 이러한 문제는 비단 한 회사의 문제가 아니라 IT 업계 전체에 퍼져 있는 문제라고 지적한다. 많은 여성들이 투자금이나 일자리 등과 같은 도움을 필요로 하기 때문에 부적절한 행동에 대해 제지할 능력이 제약되어 있다고 말한다. 사실 실리콘밸리에서는 옛날부터 성차별적 문화에 대한 우려가 있었다. 하지만 심한 힘의 불균형 속에서 업계 여성들은 쉽게 말을 하지 못했었던 것이다.

지금까지 이야기한 것처럼 실리콘밸리는 찬란한 성공의 이면에 위기도 함께 공존하는 공간이다.

그러나 분명한 사실은 이러한 냉혹한 현실과 위기에도 불구하고 실리콘밸리는 충분히 도전해 볼 만한 매력적인 세계라는 것이다.

5. 한국판 실리콘밸리는 생겨날 수 있을까?

실리콘밸리의 성공을 닮고 싶은 수많은 나라와 도시들이 다양한 방법으로 벤치마킹을 시도해 왔다. 한국도 마찬가지이다. 한국의 실리콘밸리라는 단어를 검색엔진에서 검색해 보면, 한국판 실리콘밸리 ○○라는 기사를 쉽게 찾아볼 수 있을 정도로 수많은 도시에서 한국판 실리콘밸리를 꿈꾸며 열심히 실리콘밸리를 닮고자 노력하고 있다. 그러나 정작 많은 시도들 중에서 제대로 된 성공 사례를 찾아보기는 매우 힘든 실정이다. 이번 절에서는 왜 실리콘밸리를 그대로 벤치마킹하는 것이 힘든 일이고 어떻게 하면 우리만의 창업 생태계를 통한 성공 방정식을 구축할 수 있을지 이야기해 보자.

가. 실리콘밸리의 핵심 동력과 우리의 문화적 장애물

실리콘밸리를 복제하고자 하는 많은 노력들이 있지만, 실리콘밸리의 진정한 성공의 핵심을 이해하지 못하면 실패할 수밖에 없을 것이다. 또한 이러한 것들을 그대로 벤치마킹하는 데에는 많은 문화적 장애물이 존재한다.

실리콘밸리가 세계적인 창업의 메카가 된 핵심은 다양성이다. 앞서 언급했던 것과 같이 실리콘밸리는 인종, 나이에 상관없이 유능한 인재들을 블랙홀처럼 빨아들인다. 이곳은 이민자들의 천국이며 다양한 사람들이 서로의 기술과 문화를 교류하며 혁신적이고 한 단계 진보된 아이디어를 낸다. 이것이 세계적인 혁신기업이 탄생하는 강력한 원동력이 되는 것이다. 하지만 한국의 문화를 들여다보면 이러한 다양성을 확보하기에는 한계가 있다.

또한 개방성과 네트워킹도 큰 특징이다. 실리콘밸리에서는 오늘 처음 만난 사람이 다음날 사업 파트너가 된다. 상대방이 누구든 개의치 않는다. 비전이 맞고 아이디어에 공감을 하는 사람이라면 누구든 함께 일을 할 수 있다. 성공한 창업가들은 후배들을 위해 시간 내는 것을 기뻐하며 언제든 그들을 도와줄 준비가 되어 있다.

그렇다면 우리는 어떨까? 결론적으로 현재의 한국은 위의 말한 것들을 받아들일 문화 기반이 부족하다. 상하 관계를 따지며, 갑을 관계 같은 말을 자연스레 쓴다. 외부에서 인재들이 들어오면 그 조직의 폐쇄성에 물들어 버리거나 못 버티고 나가버린다. 사람들이 많이 마주치며 배우면서 함께 무엇인가 만들 수 있는 환경이 중요하지만 한국에서는 네트워킹이라는 단어가 끼리끼리라는 부정적인 의미로 많이 사용된다. 또한 국내 대기업들은 자신들이 가진 자본과 인력을 앞세워서 뭐든지 내부에서 해결하려는 폐쇄성을 가지고 있다. 이 때문에 생태계의 선순환을 원활히 할 수 있게 해주는 인수 · 합병이 부족하다.

그리고 실리콘밸리처럼 이미 완성된 창업 생태계의 운영방식은 이제 밑바닥부터 만들어지고 있는 우리의 창업 생태계에는 크게 도움이 되지 않을 수 있다. 초기 생태계의 성장 핵심들이 현재의 완숙된 환경에서는 더 이상 발견되지 않을 수 있기 때문이다.

이렇게 문화와 환경이 다른 상황에서는 온전히 실리콘밸리를 배우고자 하는 것보다는 우리만의 특징을 가진 생태계를 만들고자 하는 노력이 더욱 필요하다. 자신들만의 생태계를 구축하여 제2의 실리콘밸리라고 불리는 창업국가 이스라엘의 사례를 살펴보자.

나. 스타트업 선진국 이스라엘의 실리콘와디

인구 800만의 이 작은 국가는 미국을 제외하고 나스닥 상장사의 약 40%를 보유하고 있으며, 인구 비례 세계에서 가장 많은 스타트업 기업을 보유한 창업 오아시스이다.

이 중심에는 실리콘와디Silicon Wadi가 있다. 제2의 실리콘밸리라고도 불리는 이곳은 하이테크 산업이 발전한 곳을 두루 묶은 지역으로 주요 도시 텔아비브 · 예루살렘 · 하이파 등을 포함한 이스라엘 전역의 10여 곳이 여기에 속한다. 이 지역에는 벤처캐피털 회사, 기술 개발에 힘쓰는 유명 대학교, 글로벌 기업의 R&D 센터 등이 모여 있다.

이 지역들에는 실리콘밸리처럼 첨단 인프라나 멋진 사옥들이 존재하지 않는다. 그러나 이 허름한 기술 클러스터에서 엄청난 소프트웨어의 기술력이 탄생한다. 실리콘와디와 관련된 M&A를 간단히 살펴보면 2017년 인텔이 자율주행 기술을 보유한 이스라엘 기업인 모빌아이를 153억 달러에 사들여 이스라엘 최고 인수 · 합병액을 기록했으며, 구글은 13억 달러를 들여 이스라엘의 지도 관련 회사인 와제드Wazed를 인수했고 IBM도 보안 소프트웨어 회사인 트러스티어Trusteer를 10억 달러에 매입했다. 이 밖에도 이스라엘의 강력한 IT 기술은 모든 테크 기업의 관심사이다. 그렇다면 이스라엘이 이런 강력한 벤처생태계를 구축할 수 있었던 비결은 무엇일까?

군대의 협동정신, 유대인 네트워크 등 수많은 요인들이 있었겠지만 가장 큰 비결은 실패를 두려워하지 않는 기업가정신이다. 이스라엘에서는 실패를 과정으로 생각한다. 위험을 감수하고 시도가 안 되면 그 결과를 바탕으로 또다시 도전한다. 이러한 정신이 이스라엘 창업 생태계의 원동력이다. 이러한 정신의 밑바닥에는 실패하더라도 그것을 받아주는 이스라엘 국가 정책이 있었다. 그렇기 때문에 이스라엘인들은 스스로 실패를 두려워하지 않고 많은 아이디어로 도전하고 실패했다. 그렇게 실패 속에서 혁신을 만들어냄으로써 이스라엘은 인적자원과 창의적인 아이디어를 통해 그들만의 성공 모델을 만들어냈다.

다. "한국만의 성공 방정식을 세울 수 있는 창업 생태계 구축"

앞서 실리콘밸리의 성공 요인과 그들만의 문화와 환경을 이야기했다. 우리는 실리콘밸리를 닮기 위해 많은 시간과 비용을 들였지만, 현실적으로는 문화와 지리적인 특징, 사람과 역사까지 함께 갖추어져 탄생한 생태계 자체를 베낀다는 것은 불가능하다. 그렇기에 우리나라처럼 인구와 시장이 작은 이스라엘을 닮아야 한다는 말들도 나왔지만 이스라엘 또한 우리와 문화와 가치관이 다르다.

결국 해답은 우리만의 것을 만드는 것이다. 단순히 실리콘밸리나 실리콘와디의 창업 방정식을 수용하는 것이 아니라 명확한 이해를 바탕으로 우리에게 도움이 되는 성공 요인들을 받아들여야 한다. 거기에 우리의 한류나 빠른 패스트 팔로워의 능력, 제조업의 세계적인 산업 경쟁력 등, 한국만이 가진 스토리와 경쟁력을 녹여내어 한국만의 창업 방정식을 다시 세워야 한다.

또한 이러한 준비는 인내가 필요하다. 한국은 60여 년간 전례 없는 고도성장으로 세계를 놀라게 했다. 하지만 이러한 성공은 우리에게 단기적인 성과를 중요시하는 문화를 남겨 주었다. 하지만 우리가 원하는 한국만의 창업 생태계를 구축하려면 시간이 필요하다. 긴 호흡으로 보아야 한다. 이스라엘도 지금의 생태계를 구축하기까지 20년의 세월이 필요했다.

벤처기업에 대한 투자에 대해서는 좀 더 장기적인 안목으로 보고 기다려야 한다. 정부의 정책 또한 실패에 대한 리스크를 감

내하며 오랫동안 생태계를 위한 정책적인 지원이 필요하다. 빠르지 않지만 조급해 하지 말고 차근차근 우리만의 것을 준비해나간다면, 긴 과정의 끝에는 선순환의 가치를 만들어내는 한국만의 창업 생태계 구축의 결실이 있을 것이라 생각한다.

인구 5천만의 작은 나라 한국에서 다음 세대의 페이스북이나 구글 같은 세계를 호령하는 회사가 탄생하는 제2의 한강의 기적을 기대해 본다.

스타트업 대표 멘토링

1. 십시일밥 전 대표이사 이호영

2. 식권대장 사업운영이사 장준영

3. 시프트티 대표이사 홍동헌

4 프리모아 마케팅부 과장 양원석

5

StartUp

1. 십시일밥 전 대표이사 이호영

가. 도전, 실패, 성공에 대한 간단한 경험담

출처 : 십시일밥

▲ 십시일밥 로고

저에게 '십시일밥'은 회사를 만들겠다는 도전으로 시작한 일이 아니었습니다. 비즈니스를 통해 누군가를 도와야겠다는 간절한 목표에서 시작한 일이었습니다. 2014년 어느 날, 저는 학생식당에서 다른 친구가 먹다 남긴 식판에 밥을 리필받아 끼니를 해결하는 친구를 목격했습니다. 그리고 이 친구를 돕겠다고 마음먹었습니다. 그러나 대학생이었던 저는 돈도 시간도 충분하지 않았습니다. 그래서 활용한 것이 강의와 강의 사이의 자투리 시간인 공강시간이었습니다. '내가 공강시간에 학생식당에서 일을 하고, 그 대가로 식권을 받아 이 친구에게 주면 어떨까?'

저는 곧바로 실행에 옮겼습니다. 그러나 사업 계획서를 들고 찾아간 학생식당들은 모두 저를 문전박대했습니다. 하지만 포기하지 않았습니다. 여기서 포기하면 친구의 밥 한 끼를 포기하는 것이라고 생각했기 때문입니다. 저는 칠전팔기로 학생식당 담당자들을 설득했고, 3개월 후 드디어 한 개의 학생식당을 섭외했습니다.

2014년 9월, 한양대학교의 한 학생식당에서 그렇게 처음 시작한 십시일밥은 3년이 지난 지금 전국 29개 대학 52개 학생식당으로 퍼졌습니다. 십시일밥 활동에 한 학기 이상 참여한 회원들이 3,420명이며, 현재까지 약 2억 5천만원의 식권을 2,000여 명의 취약계층 대학생들에게 전달했습니다. 저는 이렇듯 성장한 규모를 감당하기 위한 도구로써 소셜벤처를 설립해 운영해 왔습니다. 현재 십시일밥은 자체적인 운영비를 제외하고도 매월 1,500만원을 기부하고 있습니다.

나. 스타트업에 있어서 가장 중요하게 생각하는 가치

스타트업을 운영하는 것 자체를 목표로 삼는 것이 아니라, 스스로가 소중히 여기는 가치를 실현하기 위한 도구로써 스타트업을 대하는 것이 중요하다고 생각합니다. 저의 경우 프로젝트로 시작했던 십시일밥이 그 규모가 커지자, 회계, 법 등과 같은 행정적 이슈를 컨트롤하기 위해 십시일밥을 설립했던 것이지 처음부터 소셜 스타트업을 만들겠다는 목표는 없었습니다. 만약 제가 스타트업의 대표를 꿈꾸며 십시일밥을 설립했다면 금세 실망하고 지쳤을 것 같습니다. 그 이유는 체계가 없는 초기 단계에서 대표는 그야말로 '잡일꾼'이기 때문입니다. 사무실 청소부터 잡다한 서류처리까지, 사소하게 보이는 일들을 계속 처리하다 보면 회의감이 듭니다. 하지만 제가 버틸 수 있었던 것은 이 모든 것들이 제가 소중히 여기는 가치를 실현하기 위한 '도구'였기 때문입니다. "취약계층 대학생들을 돕겠다"는 비전을 실현하기 위해 이런 사소한 일들을 해야 한다면, 저는 기꺼이 할 수 있었던 것입니다.

이런 가치를 품에 안고 스타트업을 시작한다면 실패도 두렵지 않을 것입니다. 실패한다 해도, 그것은 스타트업이라는 한낱 '도구'가 실패한 것이지 우리의 '가치'가 실패한 것은 아니기 때문입니다. 저는 팀원들과 회의를 할 때도 우리가 얼마를 기부했는지, 신규 계약한 식당이 몇 개인지를 비중 있게 이야기하지 않았습니다. 그런 실적은 체크하고 넘어가는 수준으로 하고, 우리의 가치에 대해 끊임없이 얘기했습니다. 설사 팀원들이 목표 실적을 달성하지 못했더라도 우리의 가치를 지니고 행동했다면 그것으로 충분했습니다. 그러자 놀랍게도 팀원들의 사고 수준과 주인의식이 대표인 저와 비슷해지기 시작했습니다. 저는 이때 십시일밥이 성공했다고 생각했습니다. 아니나 다를까, 이를 기점으로 팀워크가 강력해졌고 십시일밥은 더욱 빠르게 성장할 수 있었습니다.

이러한 가치는 눈에 보이지 않기에 진심으로 믿는 사람들이 많지 않습니다. 하지만 저는 기적과도 같은 경험을 해봤기에 그 중요성을 다시 한 번 강조하고 싶습니다.

다. 현업에서 느끼는 스타트업 트렌드

언론의 주목을 받기 어려운 일반 스타트업과 달리, 사회적인 일을 하는 소셜 스타트업은 언론의 주목을 쉽게 받습니다. 뚜렷한 매출 실적이 없는데도 그 가치를 추구한다는 것에 착안하여 많은 언론과 사회의 주목을 받는 것이 소셜 스타트업의 트렌드 중 하나입니다. 만약 일반 스타트업이 본래의 비즈니스 모델에 약간의 사회적 가치를 섞고, 그 부분을 집중적으로 마케팅한다면 홍보 효과를 톡톡히 누릴 수 있을 것입니다. 여기서의 위험은 '소셜벤처'라는 타이틀이 붙어 본래의 비즈니스가 왜곡될 가능성이지만, 실제 비즈니스 모델이 탄탄하다면 큰 문제는 안 될 것입니다. 또한 시대적 흐름이 기업의 사회적 책임을 얘기하고 있습니다. 여기에는 스타트업도 예외가 아닙니다. 그렇기에 사회적 가치를 추가한다는 것이 추후 투자를 유치하거나 파트너들과 사업을 진행할 때 마이너스 요소로 작용하지는 않을 것입니다.

제가 말하고 싶은 두 번째 트렌드는 각종 지원사업에 관한 것입니다. 민간 임팩트 투자(재무적 가치와 사회적 가치를 동시에 추구하는 투자)와 국가 지원사업은 소셜벤처에 상당한 규모로 투자합니다. 문제는 이 돈을 끌어다 쓸 경쟁력 있는 소셜벤처가 극히 드물다는 것입니다. 만약 역량 있는 일반 스타트업이 본래의 비즈니스 모델에 사회적 가치를 더한다면 훨씬 많은 자금 투자의 기회를 잡을 수 있을 것입니다. 물론 사회적 가치의 아웃풋을 증명할 수 있어야 하기에 진지하게 사회적 가치 창출에 임해야 합니다.

라. 나에게 스타트업이란

처음에 저는 십시일밥이 얼마를 기부했고, 이 사회에 어떤 영향을 끼쳤는지가 이호영 개인의 성공 척도라고 생각했습니다. 그러나 돌이켜 보면 중요한 것은 따로 있었습니다. 그것은 바로 '앞으로 어떤 삶을 살지'를 또래 친구들보다 먼저 정할 수 있었던 것입니다.

3년 동안 십시일밥을 운영하며 스스로와 대화를 많이 했습니다. 힘든 일을 겪을 땐 앞으로 또 이런 힘든 일들이 생기면 잘 버틸 수 있을까 생각했고, 극도의 행복을 느끼며 스타트업이 아니면 어디서 이런 행복을 느낄 수 있을까 생각했습니다. 일이 제 뜻대로 안되면 수단과 방법을 가리지 않는 저의 이기적인 모습을 보면서 스스로에 실망하기도 했습니다. 치열한 고민 끝에는 제가 그리는 인간상이 완성돼 있었습니다. 남보다 조금 늦더라도 이타적으로 살길 스스로 희망했고, 십시일밥을 떠나게 되더라도 주체적인 삶을 살겠다고 다짐했습니다. 막연한 추측에 기반한 인생 설계가 아닌, 경험을 통해 확신한 제 미래의 모습이었기에 저는 지금도 자신 있게 제 길을 걷고 있습니다. 이것이 스타트업이 저에게 준 가장 큰 선물입니다.

마. 스타트업을 준비하는 이에게

여유를 가지라고 말씀드리고 싶습니다. 흔히 말해 배수진을 치고 본인의 모든 걸 거는 것은 위험하다고 생각합니다. 저는 대학교 때 십시일밥을 창업했기에, 대학이라는 다시 돌아올 수 있는 안전망이 있다고 생각했습니다. 그렇게 생각하니 마음이 편했고 오히려 과감한 결정들을 할 수 있었습니다. 사람들이 배수진을 치라고 하는 이유는 간절함을 가지라는 뜻일 것입니다. 하지만 저는 배수진을 치지 않더라도, 즉 실패에 대한 보험이 있더라도 간절할 수 있다고 생각합니다. 저에게는 대학으로 언제든 돌아갈 수 있다는 안전망이 있었지만, 밥을 리필받아 먹는 친구를 돕겠다는 강력한 비전이 있었기에 누구보다 간절하게 사업을 진행할 수 있었습니다.

만약 대학생으로서 스타트업을 준비하고 있다면, 지금이 절호의 기회이니 꼭 잡으라고 말씀드리고 싶습니다. 어떤 일을 시작하고 끝맺음을 해보는 프로세스를 경험하는 것은 인생의 큰 행운입니다. 이 행운이 대학교에서 배우는 지식들과 만나면 아주 큰 시너지를 발휘하게 됩니다. 저는 경영학과에서 4년 동안 배운 지식을 스타트업 운영에 적용해 보며 재미를 느꼈고, 오히려 지식을 더 탐독하게 되었습니다. 또한 이론과 실무를 병행하면 잊혀지지 않는 경험과 지식이 됩니다. 저는 이 경험과 지식들이 앞으로의 제 인생에서 가장 중요한 역할을 할 것이라고 생각합니다.

2. 식권대장 사업운영이사 장준영

가. 도전, 실패, 성공에 대한 간단한 경험담

▲ 벤디스 식권대장

출처 : 벤디스

자칫 진부할 수 있는 말이지만, 스타트업 업계에 발을 들여놓은 이상 매일이 도전이고 실패이며 성공입니다. 저는 스타트업을 해 본 적도, '식권대장'이라는 서비스를 만들어 본 적도 없습니다. 마찬가지로 지금 제 옆에서 함께하고 있는 동료들도 지금 다니고 있는 회사를 처음 다니고 있고, 세상에는 없던 서비스를 만들어 나가고 있습니다. 그러기에 매일이, 그리고 모든 일이 새로운 도전입니다.

그중에서도 벤처 회사를 운영하면서 가장 큰 도전으로 느껴졌던 업무는 리더로서의 성장입니다. 여러 다른 경험과 능력이 부족했지만, 가장 먼저 엄격한 잣대가 들이밀어졌던 것은 바로 이사라는 자리에 대한 책임입니다. 리더는 실무 실력을 갖추기도 해야 하지만, 무엇보다 중요하게 리더라는 책임을 이해하고, 온전히 받아들이며, 더 나은 리더가 되기 위해 끊임없이 노력해야 합니다

(써 놓고 보니까 제가 잘 하고 있는지 모르겠네요). 게다가 팀원들의 장점을 극대화시키고 단점을 보완할 수 있도록 적재적소에 사람을 배치 혹은 채용하여 팀을 한 단계씩 성장하는 데 도움을 주어야 합니다.

사실 이런 이유로 리더로서의 업무 중 인사가 가장 어렵습니다. 새로운 팀원 합류, 기존 멤버 이탈, 팀원 이전 등의 변화는 항상 큰 도전 과제입니다. 작은 회사의 특성상 한 사람이 담당하는 업무가 많고 한 명의 변화가 팀 전체에 끼치는 영향이 크기 때문입니다.

이런 도전 속에는 항상 실패와 성공이 공존합니다. 예를 들어 팀 관련 인사의 성공은 팀원의 보직을 변경하여 팀원의 능력을 더 큰 성과로 이었을 때입니다. 기획 능력이 있는 영업 팀원을 삼고초려 끝에 기획 팀으로 이전하니 벤디스 전 팀원에게 인정받아 반기별 '눈에띈애(팀원이 직접 최고의 동료를 투표하여 주는 상)'에 뽑힐 정도로 성장했습니다. 대부분의 팀원들이 속칭 '신의 한 수'였다라고 표현할 정도였으니까요. 이런 긍정적인 사례도 있지만 부정적인 사례도 있습니다. 제가 추천했던 사람이 6개월만에 팀을 붕괴 위기까지 몰고 간 후 퇴사한 경우입니다. 한 명의 인원으로 인하여 다른 동료까지 퇴사를 고민할 정도였으니 팀 분위기는 최악이었죠. 역대 벤디스 최악의 순간 중 하나가 되지 않을까 생각합니다.

이런 팀 빌딩과 더불어 더 많은 인사 관련 도전들이 매순간 발생합니다. 개개인 매력이 다른 사람들이 하나의 팀이 되어 팀의 목표를 일치시키고, 공동체 의식을 불러일으키며, 단합된 팀워크로 문제를 풀어나가는 것은 여간 어려운 게 아니니까요. 그저 씁쓸히 웃으며, 스타트업을 이끌어 나가는 리더라면 어쩔 수 없이 이겨내야만 할 도전이 아닐까 생각합니다.

나. 스타트업에서 가장 중요하게 생각되는 가치

스타트업에서 가장 중요한 가치는 바로 크게 2가지입니다. 첫 번째로 중요한 가치는 고객이고, 두 번째는 실행력입니다. 스타트업도 비즈니스입니다. 그리고 비즈니스의 본질은 고객 만족입니다. 거꾸로 말하면 고객이 없으면 비즈니스도 없고, 스타트업도 없습니다. 이 가치는 스타트업뿐만 아니라 모든 비즈니스를 하는 분들이 공감하실 것 같습니다. 그 때문에 스타트업 종사자 분들은 고객 만족을 위해서 고객 중심의 사고를 넘어서 고객에 대한 집착 수준으로 고민하시리라 생각됩니다.

고객의 불편함을 발견하고 직접 나서서 편함을 제공할 수 있는 방안을 고민하여 실행하면 그게 스타트업입니다. 여기서 두 번째로 중요한 가치인 실행력이 필요하게 됩니다. 누구나 아이디어는 낼 수 있습니다. 제가 지금 생각하는 아이디어도 누군가는 이미 생각했을 가능성이 높습니다. 하지만 실행하여 성공의 열매를 취하는 사람은 극히 드물죠. 같은 아이디어라도 어떻게, 언제 실행하느냐에 따라 다르겠지만, 한 가지 확실한 것은 시도해 보지 않으면 절대 성공할 수 없습니다. 스타트업은 도전과 실패, 성공의 연속으로 만들어지기에 실행력은 스타트업의 가장 중요한 가치 중 하나입니다.

이 두 가지를 합친 것이 스타트업의 정의입니다. 스타트업은 고객의 만족을 위해서 실행력을 가지고 도전하는 것입니다. 그래서 저는 이 두 가지가 스타트업의 가장 중요한 가치라 생각합니다.

다. 현업에서 느끼는 스타트업 트렌드

현업에서 느끼는 스타트업 트렌드는 생각지도 못한 곳에서 비즈니스 니즈를 찾아내는 사람이 점점 더 많아진다는 것입니다. 스타트업은 아주 작은 불편함을 해소하는 것에서부터 시작됩니다. '식권대장'을 예를 들어 설명하자면, 기업 입장에서 식권과 장부는 관리하기 불편합니다. 식권을 배부 · 회수하고, 정산하는 것은 여간 손이 많이 가는 작업이 아니죠. 게다가 분실, 식권 오남용 등 일어날 수 있는 사고까지 합쳐지면 임직원 복지 차원에서 지원되는 식대가 골칫덩이가 되기 십상입니다. 그리고 이런 사업 기회는 주위에서 보기 쉬웠습니다. 지나가는 음식점에서 “OO회사 식권 받습니다”라는 문구를 본 분들도 많을 것이라 생각됩니다.

이런 작은 불편함을 줄여보자라고 시작된 게 바로 ‘식권대장’입니다. 아주 작은 것부터 바꿔보자라고 해서 지금까지 이어져온 것이지요. 저희만 이렇게 시작한 것이 아닙니다. 서치 엔진의 불편을 해결했던 구글과 남는 방을 렌트해 주자고 시작한 에어비엔비 등 많은 스타트업들이 작은 것부터 시작합니다.

제가 느끼는 지금의 스타트업 트렌드는 ‘더 작은 것부터’입니다. 이미 대기업이 되어버린 스타트업이 할 수 없는 다른 더 작은 불편함을 찾아서 바꾸는 것, 그것이 지금 제가 느끼는 스타트업 트렌드입니다. 주위에서 흔히 볼 수 있는 불편함을 해소해 주거나, 나에게만 국한된 불편함이라고 생각했던 게 다른 사람도 불편해 하지 않을까라는 질문부터 시작되는 스타트업이 더 많이 보입니다. 설마 이런 아이템이 스타트업이 될 수 있나라고 생각한 스타트업이 벤처 업계의 다음 트렌드를 이끌 것이라 생각됩니다.

라. 나에게 스타트업이란

스타트업은 제 삶의 철학입니다. 낯간지럽지만, 스타트업의 기본 철학인 도전과 성장은 제가 스타트업을 하게 된 계기이면서 스타트업을 계속하는 이유이기도 합니다. 나만의 무언가를 해본다는 것은 어떨까라는 도전이 스타트업에 뛰어들게끔 했고, 그것이 지금의 저로 성장시켰기 때문입니다.

여전히 많이 부족하지만, 저는 시작할 때 경험과 지식이 미천했습니다. 지금도 매일이 버겁다고 느껴지고, 알아야 할 것과 공부해야 할 것이 산더미처럼 쌓이기만 하고 줄어들지 않습니다. 가끔은 누군가 입을 강제로 열어서 압축 성장이라는 알약을 밀어 넣고 소화가 잘 되길 지켜보는 듯한 압박도 받습니다.

하지만 스타트업 경험을 돌아보면 이런 저를 향한 도전들이 성장으로 어느새 다가온 걸 느낍니다. 저는 스타트업을 하면서 생각과 성격이 바뀌었습니다. 세상을 바라보는 관점도 변했고, 다른 사람들과 소통하고 일하는 방식도 변화했습니다. 이뤄냈던 변화가 긍정적이라면 성장이겠고 부정적이면 퇴화겠지만, 지금까지를 회고해 보면 다행스럽게도 퇴화보다는 성장이 많아 보입니다. 아직 갈 길은 멀지만, 어제보다는 오늘이 목표에 가깝다는 성장의 만족과 내일은 더 가까울 것이라는 희망에 오늘도 다시 도전을 하게 됩니다.

이렇게 놓고 보면, 이제 스타트업과 제 삶의 철학이 하나가 되어버린 듯 합니다. 제 인생의 도전이 스타트업이었고, 그것을 통해 성장하고 있기에 그렇습니다. 둘이 하나가 되어버린 지금은 둘 중 어떤 것이 먼저인지 구분이 안 됩니다. 그 정도로 열정을 다해 함께하고 있는 것이 지금의 스타트업입니다. 성공할지 실패할지는 아무도 모릅니다. 그런 불확실성을 확실하게 만들어야 한다는 의지가 오히려 제가 앞으로 나가는 원동력이 된다고 느낍니다. 그래서 제게 있어 스타트업은 제 삶의 철학입니다.

마. 스타트업을 준비하는 이에게

스타트업은 절벽에서 뛰어내리면서 타고 갈 비행기를 조립하는 것과 마찬가지다라는 말이 있습니다. 상황에 닥쳐서 시간에 쫓기며 없는 리소스를 잘 쪼개가며 사업을 만들어내는 것이 대부분의 스타트업 모습입니다. 그래서 과연 스타트업을 해보는 것 이상의 더 좋은 준비가 있을까 하는 의문이 듭니다. 그렇지만 스타트업 준비 이전에 스타트업을 조금 더 잘 이해하기 위해 노력은 할 수 있다고 생각합니다. 그래서 저는 스타트업을 시작하기 이전에 다 해보지는 못했지만, 다시 돌아간다면 해볼 만한 것들을 한번 적어 보겠습니다.

첫 번째는 스타트업 관련 서적, 영상, 기사 등 스타트업을 설명하는 많은 매체를 읽고 보는 것을 추천합니다. 기본적으로 스타트업 업계가 어떻게 발전하고 있는지, 어떠한 스타트업이 투자를 어떻게 받는지 등을 보시면 스타트업 업계에 전반적인 이해를 더 하실 수 있습니다. 다행히 이미 많은 서적들이 출간되었고, 많은 선배님들이 인터뷰를 해주셨습니다. 쉽게 인터넷이나 서적을 통해서 접하실 수 있기에 첫 번째 방법으로 추천드립니다.

두 번째로는 다른 직업에 대해 공부하는 것과 마찬가지로 현업에 종사하고 있는 선배님을 많이 만나보셨으면 좋겠습니다. 살아 있는 이야기를 직접 들으시면 스타트업의 진면목[?]을 아실 수 있습니다. 모든 스타트업은 각자만의 고충과 고민이 있고, 각자만의 해결방법과 생존방법이 있기에 많은 업체를 만나보셔도 제각기 다른 스펙타클한 이야기를 들으실 수 있습니다. 그리고 많은 스타트업계 선배님들이 후배 벤처인을 양성하는 데 힘쓰시기 때문에 쉽게 만나실 수 있을 것 같습니다.

그리고 마지막으로는 한번 스타트업을 경험해 보셨으면 좋겠습니다. 스타트업에서 인턴을 해보는 것도 좋고, 프로젝트로 본인만의 무언가를 해봐도 좋습니다. 책임감을 갖고 자신의 프로젝트 팀을 만들어서 처음부터 끝까지 해보는 것은 스타트업을 위한 좋은 준비운동이 됩니다. 마찬가지로 스타트업에서의 인턴 경험은 스타트업에 대한 전반적인 이해를 높이는 데 도움이 됩니다.

위에도 말씀드렸지만, 스타트업을 위한 완벽한 준비는 어렵습니다. 하지만 열정과 의지만 있다면 충분히 잘 해내시라고 믿습니다. 모두 도전과 어려움 안에서 재미와 만족을 느끼는 스타트업인이 되시길 기대하겠습니다.

3. 시프티 대표이사 홍동헌

가. 도전, 실패, 성공에 대한 간단한 경험담

스타트업을 시작한 지 1년이 갓 넘어가는 이 시점에 아직도 붙잡고 있는 걸 보면 아직 큰 실패란 것은 하지 않았다고 봅니다. 작은 성공이라고 하면 제품을 시장에 내놓아 사용자가 나날이 늘어간다는 것을 뜻합니다. 누구나 처음 하는 모든 것은 서툽니다. 저도 마찬가지이고요. 스타트업을 처음 하기 때문에 겪었던, 작은

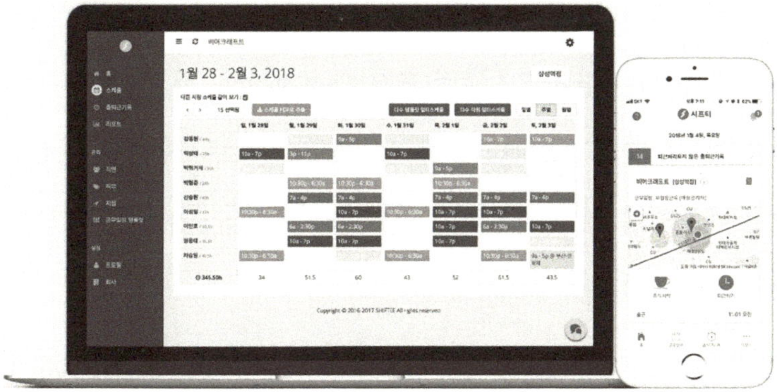

출처 : 시프티

▲ 시프티

실패 혹은 성공을 이야기해 드리겠습니다.

실패 — 올바르지 않은 지표를 사용하면 엉뚱한 곳에 초점을 맞춘다.

처음 '시프티Shiftee'를 출시하고 나서 제품을 시장에 알리기 위해 시프티 서비스에 대한 블로그를 만들었습니다. 초기에 헝그리한 스타트업이라 광고에 지출을 할 수 없기 때문에 블로그와 이를 공유할 페이스북이 유일한 마케팅이었습니다.

당시 시프티는 초기라 어떤 것을 가장 중요한 지표로 삼아야 하며, 성장을 가장 잘 나타내 줄 수 있는 메트릭Metric은 무엇인지

알지 못했습니다. 구글 애널리틱스 분석도 세팅해 놓았지만 어떻게 활용을 해야 할지도 머릿속으로 그려지지 않았습니다. 따라서 저는 갖고 있는 오직 하나의 메트릭인 블로그 트래픽 통계만이 유일한 메트릭이 되어 블로그에 글을 올리면 그 글을 볼 수 있게끔 공유하는 데에만 급급했죠.

초기라고 하지만 시프티는 당시 심각한 리텐션Retention : 잔존율 문제를 안고 있었습니다. 가입하는 사람 족족 버튼 몇 개 눌러보고 그냥 바로 나가서 돌아오지 않는 현상이 매일 반복되었습니다. 그 당시 저희 관리자 페이지에서 고객 현황을 보면 절망적일 정도였습니다. 리텐션율을 높이려면 사용자 경험을 향상하고 사용자가 둘러 보려 접속했을 시에 필요한 기능들을 쉽게 접할 수 있어야 합니다.

제품의 별다른 메트릭 없이 블로그 유입자 수만 바라보고 있었으니 제품의 리텐션이 높아지지 않았습니다. 이런 상황이 지속되다 결국 저희는 제품에 대한 올바른 지표를 정해야겠다고 결정했고 그에 대한 성과를 내는 데 장애가 되는 요인들을 빠르게 찾아내어 제거하거나 보완하는 데에 집중하였습니다. 이후 시프티는 웹사이트 방문자 수도 아니고, 블로그 방문자 수도 아닌, 고객의 시프티 사용 여부를 측정하는 가장 중요한 메트릭을 사용하여 리텐션율을 두 배 가까이 끌어 올렸으며, 앞으로 어떻게 리텐션을 더 끌어올릴지의 계획도 수립된 상황입니다. 저는 여기서 여러분께 메트릭의 중요성을 다시 한 번 강조하고 싶습니다.

"성공. 돈으로 광고한다고 다 해결되지 않는다. 스타트업 초기에 돈이 없다면 SEO(Search Engine Optimizatio : 검색 엔진 최적화)를 향상시켜 유기적인 성장을 하라."

이 부분은 다른 O2O나 최종 소비자들을 타깃하는 서비스들에게는 해당되지 않을 수도 있겠습니다. 참고로 시프티는 고객 사업체의 직원 운용과 급여 업무의 효율을 높여주는 범용 B2B 서비스입니다. 보통 B2B 소프트웨어는 고객사의 필요에 의해서 특정한 키워드 검색을 통해 잠재고객을 유입시킵니다. 저희는 처음부터 지금 이 글을 쓰는 이 순간까지도 광고나 다른 마케팅에 자금을 투자한 적이 없습니다. 다만 웹사이트와 블로그에 최대한 많은 콘텐츠를 담으려고 노력하고 각종 비즈니스 웹사이트에 시프티의 비즈니스 프로필을 만들어 웹사이트 링크를 걸었습니다. 온라인에서는 콘텐츠 하나하나에 전략이 필요합니다. 앱스토어에 올라가는 제품 세부 정보조차도 심혈을 기울여 작성해야 합니다. 현재 애플 앱스토어에서 영어로 employee scheduler라고 검색하면 많은 직원 스케줄링과 출퇴근 기록기 앱들을 제치고 시프티가 검색 결과 첫 번째에 올라와 있을 정도입니다.

이러한 방법으로 시프티는 초반 첫 달에 미미하게 수십 명이 가입했지만 한두 달 뒤에는 500명씩 가입을 했고 지금은 한 달에 1,000명 이상 가입을 하고 있습니다. SEO는 언덕에서 굴러내리는 눈덩이와 같이 잘 작업해 놓으면 시간이 갈수록 엄청난 유입량을 가져다줍니다.

나. 가장 중요하게 생각하는 가치

시프티를 운영함에 있어 가장 중요하게 생각하는 가치는 바로 고객의 소리입니다. 최종적으로 고객에게 가치를 전달하는 것은 제품의 질과 편의성입니다. 이 부분은 마케팅이나 광고가 대신해 주지 않습니다. 서비스의 리텐션율이 중요한 메트릭이라면 곧 제품의 질과 편의성을 높이는 활동에 집중해야 하고 이를 위해서는 고객의 피드백이 필요합니다. 스타트업은 고객의 문제를 해결해 주어야 함에서 시작하며 이는 고객의 목소리를 듣지 않으면 절대 불가능합니다.

린 스타트업에서는 Build-Measure-Learn 하라고 합니다. 만들고, 측정하고, 그리고 배우라. 저희는 이 방법론을 철저하게 따라 개발하여 내놓은 기능들마다 고객의 목소리를 들으려 노력했고 어떤 부분이 편리해졌는지, 새로운 기능으로 어떤 문제가 아직도 해결이 안 되는지, 아니면 새로운 기능이 오히려 불편하게 하는지를 배우는 데에 집중했습니다.

이러한 활동은 스타트업에게 제품을 발전시키고 고도화시키는 데 있어 필수적인 과정이며 성공으로 이끄는 지름길이라 생각합니다. 모든 기능이나 추가되는 사항들은 어림짐작으로 만들면 안됩니다. 쓸데없는 기능으로 승화될 가능성이 아주 높기 때문입니다. 시프티는 만들어 놓고 버린 기능들은 손에 꼽을 정도로 많지 않습니다. 그만큼 기본 기능들에 충실하고 추가를 할 시에는 정말 진지한 검토와 피드백을 거쳐 왔기 때문입니다.

다. 나에게 스타트업이란

대학 졸업 후 직장을 다니며 정해진 일들을 해왔습니다. 규모가 큰 기업이라 맡은 일만 잘 해내면 되었기도 하고 제 직무에 맞는 자격증을 따고 싶지도 않아 직장을 다니던 시절은 그야말로 커리어에 있어 도전과 배움의 정체기였습니다.

하지만 항상 도전과 배움에 대한 열망을 안고 살았습니다. 직장을 다니던 중에도 전자 기기를 수입하여 도시의 가게들에게 도매도 해보았고 투자를 하거나 인도에 외주를 주어 앱을 만들어 보기도 했습니다. 이러한 활동들은 저에게 경력으로 쌓은 지식보다도 세상에 대하여 더 많은 배움을 가져다주었고 저는 이러한 것을 배우는 것에 대한 도전을 서슴지 않았습니다.

저에게 있어 시프티는 또 다른 도전이자 배움입니다. 평범한 직장인으로 월급을 꼬박꼬박 받던 시절과는 달리 보수 없이 IT 스타트업을 꾸려 나가는 이 과정은 어렵고 힘들지만 저에게는 큰 배움을 얻을 수 있는 기회이기에 도전합니다. 제대로 된 사업체를 운영하기에는 아직도 부족한 점이 많은 지금도, 하나하나 배워가며 앞으로 나아갈 때마다 저는 희열을 느낍니다.

라. 스타트업을 준비하는 이에게

사업은 문제 해결이라는 과제를 평생 안고 가야 합니다. 당신이 해결하려는 고객들의 문제를 파악하고 그 문제를 가지고 있는 가장 이상적인 고객을 시각화해 보세요. 당신이 정의하는 문제를 가지고 있는 완벽한 모델을 그릴 줄 알아야 합니다. 만약 당신이 정의한 문제를 안고 있는 고객의 자화상을 그릴 수 없다면, 더 고민하시길 바랍니다. 스타트업은 고객의 문제에서부터 시작하고 새로운 문제에 의하여 끊임없이 변화하는 하나의 유기체가 되어야 합니다. 프로젝트를 진행하면서도 처음에 생각했던 문제보다 더 본질적인 문제를 찾았거나 새로운 니즈를 찾았다면 과감히 변화하거나 대응할 수 있어야 합니다.

예를 들어 시프티는 소상공인들의 직원 운용 문제를 체계적으로 해결해 주자에서부터 시작했습니다. 문제의 해결을 위해 소상공인을 타깃으로 하는 근무 일정부터 출퇴근 기록, 그리고 급여 정산까지 한 시스템으로 해결할 수 있는 End-to-End 솔루션을 제공하고자 했습니다. 당시 저희의 고객층을 시각화한다면 : "직원을 여럿 운용해서 근무 일정을 짜고 공유하는 게 복잡하고 출퇴근 기록도 형편없는 시스템을 사용하며, 매월 급여 정산 때문에 골머리를 앓는 사장님."

하지만 그 후 소상공인의 니즈보다도 수백 · 수천 명의 직원을 운용하는 중대형 기업으로 고객층을 다시 그린 후 그에 맞게 과감하게 제품을 변화시켰으며 직원 수 10명 이하 소상공인은 모두 무료로 이용할 수 있게 했습니다. 바로 린 스타트업에서 말하는 피벗을 한 것입니다.

현재 저희의 고객층을 시각화한다면 : "다수의 직원과 다수의 지점을 운용하며 각 지점의 근무 일정, 출퇴근 기록, 그리고 급여 정산까지 중앙에서도 접근하거나 승인하기 어려운 중소기업”

이렇듯 스타트업은 자신의 고객을 정확하게 그려낼 줄 알아야 하며 고객의 니즈가 변화할 때마다 저 이상적 고객상도 같이 변화해야만 합니다. 만약 아직 해보지 않았다면 지금 바로 시작해 보시기 바랍니다.

4. 프리모아 마케팅부 과장 양원석

가. 도전, 실패, 성공에 대한 간단한 경험담

도전 — 도전은 누구나 할 수 있다.

저의 첫 도전은 중학교 때 혼자 떠난 배낭여행이었습니다. 그러나 여행을 시작한 지 하루도 안 되어 가방을 통째로 잃어버렸고 남은 건 폴라로이드 카메라뿐이었습니다. 부모님에겐 자신 있게 괜찮다고 하고 나왔는데 전화로 도움

출처 : 프리모아

▲ 프리모아

을 요청하기는 싫고 그렇게 고민을 하다 밤이 되었습니다.

밤이 되자 추위를 버티기가 힘들어 몰래 들어간 아파트 계단에서 편의점에서 주워 온 종이상자를 깔고 불안감과 추위에 떨며 밤을 보냈습니다. 아침 해가 뜨며 따뜻함이 몰려오는 순간 오늘도 노숙하면 진짜 얼어 죽을 수 있겠다는 생각에 날이 밝자마자 오전부터 관광지를 돌아다녔습니다.

관광지를 돌아다니며 카메라로 찍은 사진을 만나는 관광객들에게 주저주저 팔았고 겨우 5장을 팔아 2,500원을 벌었지만 너무 배가 고파 라면을 사먹고 그날 밤도 노숙을 했습니다. 실제 제가 가진 카메라로 돈을 벌 수 있는 아이디어와 용기가 필요했습니다.

다음 날에는 관광지를 찾는 커플들이 사람들에게 매번 사진 촬영을 부탁하는 모습을 보고 아이디어를 얻어 커플들을 따라다니며 커플 사진을 찍어 주었습니다. 그렇게 하루 수익으로 8만원을 벌고 침대에 누워 자려다 보니 아이템이 괜찮다는 생각이 들었고 점차 경험치가 붙어 나중에는 여행 가이드 역할도 겸하며 300만원 정도를 벌었습니다.

사업에 아무 관심도 없었지만 이 배낭여행으로 인해 사업에 눈을 뜨게 되었고 적성이 맞다고 생각되어서 사업을 본격적으로 준비하기 시작했습니다.

흔히들 사업한다고 하면 주변에서는 대부분이 “안 된다”라는 말을 먼저 합니다. 사업이 쉬운 줄 아냐? 경력도 기술도 없지 않느냐, 나이가 어려서 잘할 수 있겠냐? 그래서 많은 예비 창업자들이 사업에 도전하기도 전에 어렵다고 생각하고 사업을 포기합니다. 하지만 기회와 도전은 마음만 먹는다면 항상 쉽게 찾을 수 있습니다. 원한다면 지금이라도 사업 계획서를 쓰고, 정부지원사업을 골라 지원서를 쓰면 됩니다.

도전은 고민하지 말고 한번 결정했으면 해봐야 합니다. 청년 창업가는 원래 나이가 어리고, 경력과 기술이 없습니다. 시니어들과는 달리 충분히 도전하고 실패할 시간이 있기 때문에 청년창업입니다. 단, 사업은 신중해야 하고, 준비는 철저하고, 절박해야 합니다. 창업은 쉽지만 버티기는 어렵기 때문입니다.

“성공 — 성공은 끝이 없다.”

18살을 시작으로 30살이 되기까지 5번 정도 사업과 다양한 사업 준비를 했지만 감히 성공이다라고 마침표를 찍을 만한 건 없었습니다.

처음 시도했던 사업은 ‘골전도’라는 원리를 이용한 기술 사업이었습니다. 소리는 공기가 아닌 물을 매질로도 전달이 가능하고, 인간 체내는 80%가 물이기 때문에 뼈를 울리면 몸 내부에서 소리를 들을 수 있지 않을까라는 생각을 시작으로 기술을 찾다보니 골전도에 대해 알게 되었고 이러한 골전도의 원리를 적용한 일상 속의 웨어러블 디바이스를 만들고자 했습니다.

예를 들어 골전도의 기술 원리를 자동차 시트와 결합한 운전 중 통화로 인한 차 사고를 방지하는 골전도 시트, 안경을 쓰면 이어폰 없이 소리도 같이 들리는 골전도 안경, 골전도의 음향과 진동을 이용한 FPS의 3D 슈트 등의 시제품을 제작하고자 했습니다.

결과는 매우 좋았습니다. 선천적 · 후천적 청각 장애인도 소리를 들을 수 있게 해 주는 점에서 시장성이 좋았고, 응용 상품이 무궁무진하다는 점에서 확장성도 나쁘지 않아 다양한 시제품을 기획했고 연이어 투자연계도 이루어져서 일본에서 법인을 설립하기로 했습니다. 대기업을 포함한 다양한 관련 제휴사를 끌고 오고 납품 계약까지 일사천리였으나 사기를 당해 한순간에 모든 걸 잃었습니다.

그렇게 사업을 접었으나 골전도 기술은 점차 상용화가 되었습니다. 2013년도에는 현대자동차에서 소나타 터쳐블 뮤직시트Sonata Touchable Music Seat라는 이름으로 진동을 통해 음악을 들려

주는 시트가, 2017년 초에는 크라우드 펀딩으로 골전도 스마트 선글라스 '정글 팬서Zungle Panther'가 나오는 등 2005년에 기획했던 아이템과 기술이 10년이 지난 후에도 관련 제품들이 나올 때마다 아쉬운 마음이 듭니다.

성공은 끝이 없습니다. 끊임없는 선택의 갈림길에서 계속 올바른 선택을 해야 하고 한 번의 잘못된 선택에 쌓아온 모든 것을 잃을 수 있습니다. 때문에 성공적이다라는 느낌이 들수록 더욱 조심해야 하며, 선택은 항상 독단적이지 않게 최대한 귀를 열어야 합니다.

실패 — 실패는 선택할 수 있다.

첫 사업 실패는 많은 자괴감을 주었지만 그렇게 실패하고도 끊임없이 창업에 도전했습니다. 실패하고 끝나면 실패지만 내가 재도전을 하고 있는 이상은 아직 끝이 아니라고 생각했습니다. 때문에 불광불급不狂不及이라는 말처럼 정말 일에 미쳤습니다.

하루 3~4시간씩 잠을 자고, 잠잘 때도 벽에 포스트잇을 붙이고 좋은 아이디어가 떠오르면 적고 했는데 잠결에 적다 보니 종이뿐만 아니라 벽도 낙서투성이가 되어 아예 벽에 코팅필름을 붙였습니다. 하루 동안 생각났던 아이디어는 수첩이나 음성 메모로 적고, 매일 밤마다 OPPOne page proposals로 만들어 주말마다 약식 · 본식 사업 계획서로 만들었고 괜찮은 것은 시장조사 후에 직접 사업에 뛰어들기도 했습니다.

그렇게 10년이 지나 31살이 될 때까지 번역 사업, 유학생 사업, MICE 사업, 교육 사업, 컨설팅 사업 등 다양하게 운영 · 참여했고 그렇게 일에 미쳐 살다 보니 사업 계획서만 수백 장이 되었습니다. 그렇게 하고 싶은 일을 맘껏 하다 보니 직접 사업을 하는데 재미를 느끼기보다는 컨설팅을 통해 사업을 분석하고, 적합한 전략을 수립하고 스타트업이나 신규사업을 하나씩 만들고 성장할 수 있도록 돕는 게 적성에 맞다는 걸 알았습니다.

그래서 현재는 아웃소싱 중개 플랫폼을 운영하는 '프리모아'에서 매니저로 다양한 스타트업과 기업의 아이디어와 외주를 관리하고 더 나아가 스타트업의 사업을 도우며 일을 즐기고 있습니다.

내가 만났던 80%가 넘는 대부분의 청년 창업가는 실패를 겪었습니다. 하지만 실패는 선택할 수 있습니다. 포기하지 않고 실패를 학습하며 내가 잘할 수 있는 부분을 찾고 비즈니스 모델BM을 시장의 흐름에 맞춰서 끊임없이 변화시키다 보면 내가 할 수 있는 일과 소비자가 원하는 서비스가 맞물리게 됩니다. 그러한 서비스는 매출이 나옵니다. 그 전까지는 악착같이 배우고 다시 도전하다 보면 내 스스로가 바라는 진짜 성공을 할 수 있습니다.

나. 가장 중요하게 생각하는 가치

'삶' 속에는 '사람'이 있다.

사람이 피고 지는 과정에 있어 남는 건 사람뿐입니다. 돈과 명예, 지위가 있어도 함께하고 알아줄 사람이 없다면 무슨 소용이겠습니까. 때문에 스타트업을 해오면서도 사람에 대해 가장 많이 고민했습니다. 팀 빌딩은 누구와 함께 할 것인가? 사업 파트너로 누구를 믿을 것인가? 멘토로 누구에게 배울 것인가? 그 모든 고민의 끝에 '사람'이 있습니다.

18살의 빡빡머리 평범한 고등학생이 사업을 알면 얼마나 알겠습니까. 업무 양식부터 시작해 계약서 쓰는 것까지 아무것도 몰라서 스스로 책을 보며 배워야 했고 책의 저자에게 메일을 쓰거나, 세미나나 컨퍼런스에 발품을 팔아 명함을 주고받는 등 인맥을 쌓고 부족한 건 뭐든지 배우고 만들어 나가면서 문제를 해결해나가는 수밖에 없었습니다. 그 때문에 사업을 해오면서 내가 무언가를 혼자 이룩했다기보다는 많은 멘토들의 도움과 지원을 받았습니다. 돈이나 기술이 아닌 사람이 내 가장 큰 자산이자 신념이었습니다.

흔히 "사람이 가치다"라는 말을 합니다. 하지만 그걸 어떻게 지키고 행동하느냐는 별개의 부분입니다. 많은 스타트업의 청년들이 사람 관계에 있어 실수를 범하기도 하고 실패하기도 합니다. 때문에 비즈니스 관계에서 사람이라는 신념을 갖고 사업을 하려면 필수적인 매너와 조건이 필요합니다.

- 비즈니스는 서로가 주고받는 게 명확해야 성립된다.
- 내 시간이 소중한 만큼 상대의 시간을 낭비하지 말아야 한다.
- 상대가 당신을 도와줄 이유는 없다. 이유는 스스로 만들어야 한다.
- 자신이 내뱉은 말에는 책임을 지고, 책임 권한이 없다면 침묵해야 한다.
- 맹목적 믿음은 없다. 상대가 배신을 해도 미리 받아들일 준비가 돼 있어야 한다.
- 이기심을 버리고 이타적으로 행동하되 주변에는 고마움을 아는 사람만 남겨야 한다.

▪ 절대 자만하지 말고 항상 배워야 살아남는다.

결국 경험상 모두 맞는 말이었습니다. 누구나 할 수 있는 일은 많지만 시간은 한정적이기 때문에 상대방의 시간을 얻기 위해서는 스스로가 그 사람과 대화를 할 준비가 되어 있어야 합니다.

미팅을 예로 들면, 메일로 미팅 전 어젠다를 공유해 서로에게 준비할 시간을 주고 자사의 서비스 소개서와 사업 계획서, 명함을 준비합니다. 그리고 상대방 기업의 동향을 미리 찾아봐 상대의 니즈를 파악하고 처음 오는 이들을 위해 일정과 오는 길에 대한 가이드를 미리 해줍니다. 아주 사소한 내용이지만 매너는 상대를 기분 좋게 합니다. 그리고 기분 좋게 이야기를 하면 좋은 방향과 결과가 나옵니다. 준비가 안 된 채로는 짜증이 나고 그렇게 되면 서로가 시간만 낭비하게 됩니다.

스타트업으로서 대기업과 비즈니스 미팅을 하다 보면 줄 것도, 문제 해결책도 없는 어려운 상황이 오기도 합니다. 그럴수록 이기심을 버려야 합니다. 이타적으로 또는 솔직하게 행동하면 방법이 나옵니다. 주고받는 게 금전적 가치나 사업적 이득이 아니어도 됩니다. 없다면 믿음을 주고 그걸 지키기만 해도 상대는 충분하다 생각할 수 있습니다. 상대 역시 기본적으로는 누굴 믿는지부터 고민하기 때문에 믿을 수 있는 상대가 되는 게 최우선입니다. 그 이후는 조급하지 않게 신뢰 관계를 만들어 나아가면 됩니다.

스타트업은 경험, 자본, 인력, 인프라 등 가지고 있는 자원이 항상 부족합니다. 그게 스타트업이 혼자 사업하면 안 되는 이유입니다. 믿을만한 팀원과 실력 있는 멘토, 신뢰해 주는 파트너가 필요합니다. 그리고 그 믿음에 책임질 수 있는 실력과 정직한 신념을 지키고 사업을 수행할 수 있으면 필요한 것은 채워지기 마련입니다.

스타트업이 망하는 이유 중에도 '사람'이 큰 역할을 차지합니다. 특히 스타트업을 처음 하는 청년 대표들이 흔히 하는 실수와 고질병이 몇 개 있습니다. 저도 그랬고, 여러분 역시 그럴 수도 있습니다.

첫째, 적재적소의 인재를 찾고 그에 맞는 권한을 부여Empowerment해야 합니다. 대부분의 스타트업 대표들은 스스로가 기획, 마케팅, 영업 모든 것을 다 하려고 합니다. 남의 손에 맡기기에는 불안하기 때문입니다. 하지만 대표가 눈앞에 닥친 실무로 정신없이 바쁘면 정작 중요한 큰 기회를 놓치고 직원 관리는 엉망이 됩니다. 어차피 혼자 다 못합니다. 때문에 적재적소의 인재와 그에 맞는 권한 부여가 필요합니다. 법을 모르면 변호사를 고용하고 회계를 모르면 회계사를 고용하고, 그렇게 내가 사업에 꼭 필요한 인재를 채워 넣고 대표는 자기만이 할 수 있는 역할에 집중해서 기업을 키워야 합니다.

둘째, 탁상공론과 구두계약을 믿지 말아야 합니다. 어떤 계약이든 계약 전에는 항상 분위기가 좋습니다. 하지만 계약의 시작이 아닌 마지막을 생각해야 합니다. 또한 최악을 대비하는 안전고리인 계약서가 필요합니다. 경험이 없는 스타트업일수록 쉽게 신뢰와 제휴를 얘기하고 구체적인 계획 없이 시간을 낭비하는 경우가 허다합니다.

셋째, 사업 아이디어를 아끼지 말고 공유를 해야 합니다. 물론 핵심 기술과 원천기술까지 탈탈 털어서 공개하라는 것은 아닙니다. 혼자만의 사업을 하지 않는 게 중요합니다. 스스로의 생각도 중요하지만 때론 더욱 중요한 게 외부 조언자입니다. 가장 가까운 지인들이자 고객인 그들에게 사업 아이템을 공유하고 평가와 피드백을 받아야 합니다. 전문가에게 컨설팅을 받고 조언을 구하는 데 보안 유지를 이유로 사업이 어떤 산업인지 어떤 아이템인지 말도 안 하는 사람들이 있습니다. 아이템을 숨기기보다는 누구보다 빨리 상품으로 가공해 시장에 내놓을 생각을 해야 합니다. 때문에 스타트업에서 문제 해결이 필요하다면 많은 이들에게 공유하고 문제점을 파악해 수정보완을 해야 합니다.

그 외에도 스타트업에게 '사람'이 중요한 이유는 수도 없이 많습니다. 직원 관리, 고객 관리, 투자 관리, 제휴 관리 모두 사람이 성공의 유무를 결정합니다. 때문에 사람에 대해 많이 고민하고 유능하고 믿을 만한 사람이 충분해야 합니다.

다. 현업에서 느끼는 스타트업 트렌드

현업에서 느끼는 가장 큰 스타트업의 트렌드 변화는 시장의 판이 변하고 있다는 점입니다. 기존의 패러다임을 파괴하는 디지털 태생의 IT 기업이 증가하고 있습니다. IT 기술의 고도화로 기존의 비즈니스는 새로운 스타트업 서비스에 의해 체질이 개선되고 있습니다. 신생 스타트업의 서비스는 기존 기업들이 갖고 있는 시장과 관념을 파괴하면서 서비스를 정의하고 더 나아가서는 시장의 정체성과 고객의 성향을 변화시키기도 합니다.

최근의 스타트업은 기존의 시장 분석과 고객 정의만을 믿고서는 마케팅을 할 수 없게 되었습니다. 스타트업이 직면하고 있는 목표 시장 분석과 세부적인 고객 재정의가 필요하며 시장 규모를 추정하기 위해서 TSS 분석을 이용하면 좋습니다. TSS 분석은

TAM Total Addressable Market : 전체 시장 – SAM Service Available Market : 유효 시장 – SOM Service Obtainable Market : 수익 시장의 개념으로 스타트업이 직면하는 시장을 단계별로 분리하여 적용하는 분석법입니다.

이러한 TSS 분석을 통해 스타트업이 유효시장에 접근하기 위해 수익 시장에 진입하는 전략도 다각화되고 있습니다. 거점 시장에 대한 지배력 확보가 빠를수록 성장의 발판이 높아지기 때문에 최근 스타트업에서는 자사 서비스에 맞는 수익 시장의 재정의와 접근 전략을 다변화하는 추세입니다.

TSS 분석과 초기 시장진입 전략이 스타트업에게 중요해지는 이유는 기존 시장의 패러다임이 파괴되면서 시장이 쪼개져 세부화되고 새로운 시장이 생겨나고 있기 때문입니다. 신규 시장에서는 스타트업이 치열한 경쟁 없이 선두기업으로서 성장할 기회가 많아집니다.

고객에 대한 타깃 재정의도 마찬가지입니다. 최근의 타깃 재정의는 기존의 인구통계학적인 기반의 20~30대 젊은 여성과 같은 데이터보다는 쇼퍼홀릭, 디지털노마드 Digital Nomad : 디지털 유목민와 같은 고객의 성향 또는 라이프스타일과 같은 정성적 수치에 집중하는 편입니다. 또한 네이버의 트렌드 분석 또는 페이스북의 타깃인사이트와 같은 데이터 분석 툴을 활용하여 구체적인 고객

군을 대상으로 맞춤형 광고를 제공하는 식으로 스타트업의 마케팅 트렌드도 변하고 있습니다.

예를 들어 '소셜커머스'의 사례를 살펴봅시다. '소셜커머스'는 오픈마켓(옥션, 11번가)과 같은 온라인 쇼핑시장의 '틈새시장'으로 파고들었습니다. 그 결과 소셜커머스 시장이 오픈마켓의 새로운 시장으로 성장하고 '소셜큐레이션(G9)' 등과 같은 소셜커머스의 상품 정보를 크롤링Crawling : 웹페이지에서 필요한 정보를 추출하는 것하거나 비교해서 가장 최저가를 선별해서 리스트를 뿌려 주는 서비스가 또 다른 틈새시장으로 나오고 성장합니다. 이처럼 스타트업의 서비스는 틈새시장을 만들고 기존의 패러다임을 파괴하고 쪼개 새로운 시장수요와 공급을 만들어내며 성장합니다. 이러한 순서로 시장은 빠르게 순환하며 가속하고 있습니다.

초창기 소셜커머스 스타트업은 공동구매의 소비 방식과 블라인드 마케팅을 활용했습니다. 시장이 커지면서 기존 방식에 더해 카테고리를 세분화하여 소비자 개인 취향에 맞는 마케팅 전략을 통해 자리를 공고하게 잡을 수 있었습니다.

프리모아는 아웃소싱 중개 플랫폼입니다. 때문에 의뢰를 맡기는 수요자와 기술과 시간을 제공하는 프리랜서, 개발사와 같은 공급자가 존재합니다. 이처럼 공급자와 수요자의 고객 데이터를 기준으로 서비스를 운영하다 보면 서비스 자체가 하나의 시장에 직면하기 때문에 트렌드에 예민해집니다.

내부 데이터를 분석하다 보면 시장이 어떻게 변화하는지 빠르게 체감할 수 있고 어느 정도 예측도 가능합니다. 시장은 무질서하게 변화하기보다는 특정 패턴을 반복하며 성장하기 때문입니다. 물론 프리모아가 직면하는 시장은 '외주'라는 특정 방향성을 가지고 있는 만큼 다른 스타트업과 분석 결과가 다를 수 있기에 참고만 하는 게 좋습니다. 결국 스타트업마다 자사가 직면하는 정확한 시장과 고객을 찾아야 합니다. 이를 위해 제가 얻은 정보 몇 가지를 공유하고자 합니다.

첫째, 1년을 기준으로 월별 회사의 매출 통계를 분석하고 공급과 수요를 분석합니다.

월별로 시장에서 강세를 보이는 분야와 트렌드가 있습니다. 2월에는 애견 사업, 3월에는 교육 사업, 4월에는 결혼 사업, 5월에는 병원 사업, 6월에는 여행 사업, 10월에는 쇼핑 사업, 12월 부동산 사업 등등 상세하게 빅데이터 툴을 이용해 주기를 분석하다 보면 자사에 맞는 더 정확하고 신뢰할 수 있는 새로운 타깃시장과 고객을 얻을 수 있을 것입니다. 이를 철저하게 파고들어야지만 변화하는 시장에서 살아남을 수 있습니다.

둘째, IT 기술이 보급화되면서 디지털 기업에 필요한 웹 · 앱 개발의 요구사항을 스타트업은 외주를 통해 발 빠르게 대응하고 있습니다. 웹 기반의 서비스 플랫폼은 앱 기반으로 이전하기 시작했고, 고객의 다변화하는 요구사항을 빠르게 충족시키기 위해 전체적인 디자인과 UX, UI를 리뉴얼하는 등 고객 친화적인 서비스로 탈바꿈하고 있습니다.

셋째, 노동력 시장 구조 역시 바뀌고 있습니다. 프리랜서와 디지털노마드가 증가하기 시작했고 풀스택 개발자Full Stack Developer처럼 직무 간 장벽이 점차 흐려지며, 사이버 장의사와 같은 새로운 직업군이 생겨나고 있습니다.

기업 역시 인력 구조를 인하우스에서 아웃하우스로 돌리고 있습니다. 전문 인력의 수요를 외부에서 아웃소싱하면서 인력비를 절감하고 퀄리티를 높이고 있습니다. 기존의 기획과 생산, 유통 등 하나의 제품 파이프 노선을 구축하던 기업들은 점차 OEM 방식으로 수주를 맡기고 기업 본사는 헤드 제품의 기획과 소비자 피드백 개선과 적용에 집중하기 시작했습니다.

넷째, 프로젝트 분할 발주가 점차 활성화되고 있습니다. 예를 들어 프로젝트의 개발과 디자인은 외주를 맡기되 기획은 본사 또는 전문 기획업체와 컨설팅업체에 맡겨서 프로젝트 관리의 효율성을 꾀하고 있습니다. 또한 전문 에이전시 업체들 간에 컨소시엄을 구성해 협업하는 사례가 많아지고 있습니다. 개발 전문회사 또는 디자인 전문회사로 영업을 하기에는 수주할 수 있는 의뢰에 한계가 생기기 때문에 마음이 잘 맞는 업체들 간에 컨소시엄을 이루어서 의뢰를 수주하는 경향이 늘어나고 있습니다.

특히나 다양한 의사소통 및 협업 툴이 보급되면서 하나의 프로젝트 작업을 여러 스타트업들과 프리랜서들이 협력하여 작업하는 사례가 늘고 있습니다. 한국의 스타트업 업계에서도 개인이 하나의 직장과 직위에 고용되어 고정된 비즈니스 기능에 종사하는 전통적인 구조가 아닌 투잡과 정규직 외에 계약직, 외부 프리랜서를 중개 플랫폼을 이용하여 활용하는 등 역동적으로 TF를 구성하는 사례가 다양해지고 있습니다.

다섯째, 스타트업의 네트워크와 제휴 협력이 활발해지고 있습니다. 기존의 스타트업 문제점 중 하나가 기술과 인프라가 부족하다 보니 먹고살기 바빠 제휴와 네트워크가 잘 안된다는 점입니다. 지원사업을 받게 되면 해당 지원기관의 졸업 기수와 또는 동기 기수 간에 친목이 생기기도 합니다. 하지만 지원사업 종료 및 수료 후에는 구심점이 없어 커뮤니티가 활성화되기보다는 뿔뿔이 흩어지기 마련입니다. 하지만 최근에는 각 지원기관 · 기수별로 네트워크를 이루고 수료 후에도 다양한 사업적인 제휴와 파트너십을 맺어 다양한 서비스와 프로그램을 만들며, 스타트업들끼리 뭉치는 경향이 보입니다. 하나의 서비스 런칭을 위해 스타트업이 제휴 라인업을 구성하는 경우도 종종 보입니다. 제휴를 통해 규모를 키우고 나가는 리소스를 줄이는 형태입니다.

여섯 번째로는 스타트업의 인큐베이팅 환경 변화가 있습니다. 정부지원사업의 방향이 초기 시드머니seed money : 종잣돈 지원에서 운영 자금 또는 해외진출 지원으로 방향이 바뀌고 있습니다.

기존 한국의 스타트업 생태계가 실리콘밸리와 다른 점이 있다면 창업 실패 경험 역시 사업 경험으로 각광을 받는 실리콘밸리와 달리 한국의 스타트업 생태계는 창업자에게 재기할 기회를 주지 않습니다. 정부의 다양한 지원정책 역시 대부분 초기 스타트업의 시드머니를 제공하는 데서 그칩니다. 쉽게 말하면 정부 지원금을 받고 시작하기는 쉽지만 사업을 시작하면서부터는 기술력도 인프라도 없이 수익화가 이루어지기 전까지 맨땅에서 시작하게 됩니다. 이 때문에 스타트업 기업의 90% 이상이 2년을 버티지 못하고 망하곤 합니다.

수익화에 실패하게 되면 끊임없이 발생하는 자금난과 문제점들을 응급 처치해가며 스타트업들은 고군분투합니다. 우선적으로 다양한 벤처캐피털에 피칭을 하며 투자자금을 받아 생명줄을 연명하고자 하고 이조차도 안 되는 스타트업은 자체 서비스를 잠시 접고 외주라든가 인력을 다른 데로 활용하며 운영비를 모읍니다. 그리고 그렇게 사업 확장 시기와 기회를 놓친 채 다음 단계로 넘어가지 못하고 망하는 경우가 많습니다.

스타트업이 망하는 가장 큰 원인은 경험 부족입니다. 분야에 대한 이해도가 있는 전문 멘토의 자문과 실질적인 컨설팅도 부족합니다. 한국의 벤처 생태계는 이제 막 시작이고 자리를 잡아가는 과정입니다. 그럼에도 불구하고 뜨거운 감자처럼 익혀져 있어 먹음직스러워 보입니다. 하지만 함부로 손을 내밀면 화상을 입게 됩니다.

하지만 최근에는 이러한 문제를 해결하기 위해 선발업체와 후발업체의 멘토링 협약 또는 창업자 재도약 지원 프로그램과 해외진출 지원사업 규모를 늘리는 등 인큐베이팅 환경이 변화하고 이에 맞춰 세계로 진출하는 기업들이 늘어나고 있습니다.

라. 나에게 스타트업이란

스타트업은 30년의 고생을 한꺼번에 변제하는 미친 짓이었다

스타트업 경험은 저에게 누구보다 치열하게 열정으로 사는 법을 가르쳐 줬습니다. 실전이 부족한 온실 속 화초가 스타트업을 통해 누런 흙먼지를 뒤집어쓰며 짓밟히면서도 살아남는 법을 배웠습니다. 가장 철없던 10대에는 무모한 도전으로 재미를 위해서 시작했고 가장 화려했던 20대에는 실패를 용납할 수 없다는 독기로 미친 듯이 일에 빠져 살았습니다. 그리고 30대에는 젊을 적의 미친 짓을 추억하는 애늙은이가 되어 있었습니다.

만약 스타트업을 시작하지 않았다면 나는 좀 더 게을러지고, 독서와 책을 멀리하고, 내가 무엇을 잘하는지 평생 몰랐을 겁니다. 인간이 이렇게 독해질 수 있다는 것도 몰랐을 겁니다. 아무것도 가진 것 없이 사업을 시작한다는 것은 남들이 노력하는 시간에는 당연히 노력해야 하고 남들이 쉬는 시간에도 미친 듯이 노력해야 한다는 것입니다. 그러고도 부족해서 더 노력하면 진짜 쓰러질 것 같은데 스스로의 욕심에 결국 그 선을 넘는 것 같은 미친 짓입니다.

하지만 인생에 한 번쯤은 그런 미친 짓이 좋습니다. 마치 하루를 일주일처럼 수많은 업무를 혼자서 처리하다 보면 처음에는 실수하고 좌절할 수 있을지 몰라도 나중에는 좌절할 시간마저도 없기 때문에 어떻게든 그날 결정을 하고 해결하기 위해 무슨 짓이든 합니다. 없는 업무 메뉴얼을 혼자 만들고 시스템을 구상하고 경쟁사 벤치마킹도 하고, 사업의 생존 전략을 수립하고 도움을 주고받을 파트너를 만들고자 발로 뛰게 됩니다.

미친 짓도 많이 해봤습니다. 지하철에서 처음 보는 옆 사람에게 사업을 준비하는 청년 창업가라면서 사업 아이템이 괜찮은지 평가를 부탁한다며, 사업 계획서 들고 브리핑도 해 보고, 경쟁사 분석을 위해 벤치마킹할 기업의 구내 식당에 가서 밥 먹으면서 직원들에게 시장조사를 하기도 했습니다. 혼자 일하는 스타트업이 익숙해서 기업의 조직문화를 배우기 위해서 독특한 기업문화나 서비스가 있는 기업은 기업탐방을 하고 싶다고 기업탐방 제안서를 작성해서 팀원들을 모아서 네이버, 다음, 리치칼튼 호텔, 농심과 같은 대기업의 컨택 담당자들에게 다 뿌려보고 그중 10여 곳 정도를 대상으로 기업탐방을 했습니다. 그렇게 거절도 많이 당해보았지만 대부분은 '학생'이 열심히 한다는 생각으로 좋게 봐주시고 기회로 전환되는 경우도 많습니다.

스타트업을 하면서 느낀 것은 일에 미치는 게 나쁘지 않다는 것이다. 제가 만났던 대부분의 스타트업 대표들은 매일같이 밤을 새우고, 온통 일에 대한 생각뿐이고, 직면하는 문제점을 해결할 수 있는 방안이라면 썩은 동태 눈동자가 순식간에 반짝거리는 눈동자로 바뀔 정도로 성공에 대한 지속적인 갈증으로 일에 미쳐 있었습니다. 하지만 이런 사람들은 하던 사업이 실패하더라도 그렇게 끝내지 않습니다. 스타트업이라는 그 혹독한 문화와 광기를 진심으로 즐기는 느낌입니다. 불광불급不狂不及이라는 말처럼 그렇게 스스로 미친 이들은 절대 후회하지 않습니다.

저 역시 어느새 10년이라는 시간 동안 스타트업에 청춘을 올인했습니다. 1년 넘게 운영하고 참여했던 것들만 총 5개 정도였고 그 외에 창업을 준비하고 시도했던 것들만 따지면 더 많을 수 있습니다. 지금처럼 스타트업이란 용어와 창업 열풍이 불기 이전부터 시작해 10여 년 넘게 다양한 도전과 실패를 겪었습니다. 그렇게 해서 얻은 것은 '돈'도 아니고 '명예'도 아닌 내 삶을 나답게 즐기고 후회하지 않을 수 있는 경험들이었습니다.

제 신념과 인생의 가치는 사람이었음에도 불구하고 스타트업을 하며 가장 많은 실패의 원인이 사람이었습니다. 사업 모델 분석과 전략 수립, 직감 같은 것은 좋았던 것 같습니다. 때문에 진행하는 사업성 자체는 매우 좋았고 매출도 잘 풀리는 편이었습니다. 하지만 항상 사람 관계가 가장 문제였습니다. 가장 먼저 시작했던 골전도 기술 사업의 경우에도 친구를 믿고 잘못된 계약서를 써서 망했고, 그 후에도 지인에게 투자를 받았다가 경영권을 뺏겨 망하고, 유학생 사업도 믿었던 친구가 공금을 횡령해서 사업을 접을 수밖에 없었습니다.

그리고 그렇게 사업을 접을 때마다 '사람'을 믿는 게 잘못된 것인가? 하는 의문과 갈등이 생겼고 정말 많은 고민을 혼자서 하곤 했었습니다. 하지만 지금 와서는 누구보다 사람에 대한 철학이 두텁고 흔들리지 않을 정도의 신념이 되었습니다. 결과적으로 말하면 잘못된 사람을 믿었고, 너무 안일하게 대처했기 때문입니다.

예를 들면, 동업자와 고용 계약서를 쓰는 건 믿음에 금이 가게 하는 게 아니라 믿음을 더 탄탄하게 하는 것임에도 불구하고 혹시 믿음을 의심하는 것처럼 보일까봐 서로가 들추면 안 되는 치부마냥 어물쩍 넘어갔습니다. 또는 수평적인 스타트업 문화와 민주주의도 좋지만 수십 명의 모든 의사를 취합하기 위해서는 오랜 시간이 걸리고 그러한 결과가 변화에 빠르게 대응해야 하는 스타트업 입장에서는 사망을 결정내리는 독약과 같았던 것뿐입니다.

스타트업을 하면서 가장 절실하게 느낀 것은 정답은 없다는 것입니다. 회사에는 기업문화라는 게 있고 업무 규범이 있기 때문에 정답이 있지만 스타트업의 강점은 모로 가나 기어가나 목표에 도달하고 성과를 만들어내고 더 효율적이다라고 하면 바로 적용할 수 있는 조직 탄력성과 속도입니다. 그러기 위해서는 대표 스스로가 옭아매고 있는 고정관념을 탈피해야 합니다.

3명뿐인 스타트업이 100여 명의 서포터즈를 운영 관리하는 것이 불가능할까? 운영 관리 시스템과 메뉴얼을 만들고 스케줄을 짜고 TF 팀을 조직해 100을 20으로 작은 단위로 쪼개서 동시에 운영하고 팀 간에 실패를 학습하게 하여 부족한 시스템을 스스로 보완하게 하면 됩니다.

100만원으로 사업을 하는 게 가능할까? 서울에 있는 레스토랑 1,000여 개 사를 홍보 관리하는 업무를 맡았을 때 예산은 최소 운영비도 안되는 100만원이었습니다. 해결 방안이 없어 고민하다 식당 대표들을 하나하나 인터뷰를 해 보니 홍보가 안 된다는 문제가 있었습니다. 그래서 기자단을 운영하여 홍보 시스템을 구축하고 발생하는 홍보 수익을 운영비로 활용했더니 예산이 오히려 남았습니다.

학생이라는 신분 때문에 사업에 제한이 있을까? 직접 느껴본 바로는 '사회인'과 달리 '학생'이라는 단어는 마법과 같은 단어였습니다. 학생은 부족한 게 당연하고 도와주는 게 남는 거라고 생각되기 때문에 도움을 요청해도 정말 선의로 많은 도움을 받을 수 있는 프리패스와 같은 통행증인데 대부분의 청년 창업가는 모르는 경우가 많습니다.

스타트업을 하며 느꼈던 것은 미치면 불가능이 가능해진다는 것입니다. 남들보다 더 노력하고 부족한 부분은 만들어서 채워 넣으면 됩니다. 그렇기 위해서는 스스로가 가진 모든 것에 대해서 최대한 많이 분석하고 강점으로 만들어야 합니다. 주변 환경, 내 능력과 성격, 팀원의 능력, 예산, 아이디어, 그 모든 게 비즈니스 모델을 만들고 수익성을 만들어내는 기초 자원입니다. 스타트업은 최대한 그 자원을 가지고 쥐어짜며 미친 듯이 남들과 다른 결과물을 만들고 또 만들면 됩니다.

마. 스타트업을 준비하는 이에게

자만하지 말고, 스타트업을 혼자서 하려고 하지 말아라

스타트업을 준비하는 이들은 앞서 말했듯이 모든 것을 혼자서 다 하려고 합니다. 그러다가 과로로 몸이 망가지고 나서야 스타트업이 혼자 하는 게 아닌 걸 느낍니다. 그래서 팀 빌딩을 하면 내 생각이 아닌 다른 타인의 생각들을 위해 조율하고 바꾸기 위해 무던히 애를 씁니다. 몸이 아니라 정신적인 스트레스가 극심하게 쌓입니다. '내'가 먹고사는 걸 떠나 '다'같이 먹고사는 걸 생각한다는 것은 마치 타인의 스트레스까지 한꺼번에 떠안는 느낌입니다. 퇴근해도 불안감에 온통 '일' 생각뿐입니다.

그렇게 몇 번 사업을 말아먹다 보면 스스로가 느끼는 긴장과 스트레스를 조절하게 됩니다. 천 길 낭떠러지 위에서 외줄 타기를 하는 건 변함없는데 떨어지면 떨어질 때의 오싹함을 즐기고 구렁텅이 밑바닥에서 기어 올라가는 방법을 냉철하게 찾게 됩니다. 아마 스타트업을 하고 있는 여러분도 조만간 그런 걸 느낄 수 있습니다. 조언을 한마디 하자면 아무리 상황이 절망적이라고 해도 불안해하지 말아야 합니다. 불안해하면 실수만 더 할 뿐 나아지는 것은 아무것도 없습니다. 위급한 상황일수록 여유가 있어야 상황이 냉정하게 머릿속에 들어옵니다.

스스로를 분석하고 잘못된 것은 몇 번이고 뜯어고쳐야 합니다. 사업을 하면서 느낀 저의 강점은 논리적인 분석력, 문제 해결을 위한 통찰, 전략적 사고법이었습니다. 그에 반해 단점은 내성적이고 외로움을 극단적으로 싫어하는 애정 결핍에 전형적인 안전주의였습니다. 그리고 애정 결핍 빼고는 사업을 하며 완벽하게 단점을 고쳤습니다.

사업을 하면서 느끼는 수많은 스타트업 대표들을 보면 자만하는 경우가 많습니다. 스스로가 완벽하다고 여기고 단점이 곧 자신의 주체성과 자아라고 생각해 바꾸려 하지 않는 경우가 많습니다. 매번 듣는 대표님이라는 소리에 스스로가 우쭐해져 자만에 빠지기 쉽고, 매출은 0인데 하는 행동은 대기업 회장님처럼 거들먹거리는 이들과 자신의 성공을 믿어 의심치 않고 맹신하는 이들이 있습니다. 스타트업 생태계만큼 숨은 고수들과 전문가들이 많은 시장도 없습니다. 때문에 조심하지 않으면 한순간에 먹히거나 망합니다.

스타트업에 임하는 마음가짐을 독하게 해라

스타트업을 준비하는 사람에게 시작도 하기 전에 안 된다는 말을 하기는 싫습니다. 하지만 기왕에 스타트업을 하기로 마음 먹었다면 누구보다 독하고 철저하게 준비한 후 시작했으면 합니다.

맨 처음 스타트업을 하겠다고 마음 먹었을 때는 부모님과 절친한 친구들에게도 비밀로 하고 혼자서 모든 걸 준비했습니다. 그러다 보니 악의적인 이들에게 쉽게 속았고 도움을 얻기 어려웠습니다. 나중에는 사업한다고 말을 했지만 극심한 반대에 부딪혔고 결국에는 제가 잘못된 길을 가고 있는가하는 좌절감만 가득했습니다. 하지만 그 모든 것은 준비가 부족했던 것뿐이었습니다.

생각할 수 있는 모든 것을 준비해야 합니다. 1분의 투자 피칭 시간을 준다면 바로 나서서 자사의 서비스와 경쟁력, 시장 가능성을 명확하게 전달할 수 있어야 합니다. 한 줄로 설명도 가능하고, 30분간 설명도 가능해야 합니다. 예로 지금 있는 프리모아를 한 단어로 말하면 '외주 플랫폼', 한 문장으로 말하면 'IT를 모르는 이들이 쉽게 외주를 맡기는 외주 관리 플랫폼', 고객정의를 넣어서 말하면 '스타트업에게는 적합한 전문가를 제공하고, 대기업에게는 효율적으로 외주 비용을 절감할 기회를 주는 외주 관리 서비스', 전략을 넣어서 말하면 '작업자에게는 자신의 포트폴리오를 검증하고 브랜딩하는 인큐베이팅 플랫폼', 의뢰사에게는 '외주를 통해 부족한 예산, 기술을 채워넣을 수 있는 관리 플랫폼', 시장성을 넣어서 말하면 '미국에서는 24,916,000개사의 개발사를 보유하고 있고 국내에서는 검증된 25,000명의 프리랜서를 보유하고 있는 100배의 성장 가능성을 가진 업체', 경쟁력을 넣어서 말하면 '국내 유일한 외주 관리 시스템을 가진 업체'. 이런 식으로 스스로가 하는 서비스의 개념과 비즈니스 구조에 대해서 명확하게 이해하고 설명할 수 있어야 합니다.

사업 계획서 작성은 수십 번 퇴고해라

첫 번째, 사업 계획서를 손쉽게 한번에 쓴다는 생각을 버려야 합니다. 사업 계획서를 최소 10~20번은 퇴고하고 제안하는 기관과 기업이 달라질 때마다 PPT를 새롭게 만들어야 합니다. 그렇게 계속 쓰다 보면 사업 계획서 내용을 달달 외우게 되고 내 사업에 대해서 한 줄로 말하라면 한 줄로, 5줄로 말하라면 5줄로, 한 장으로 말하라면 한 장으로 말할 수 있습니다. 이게 안 되면 투자자에게 엘리베이터 스피치를 하게 되는 경우에 어버버 하다가 기회를 놓치고 끝나버립니다.

두 번째, 사업 계획서를 쓸 때 매출 부분에 가장 집중해서 공을 들여야 합니다. 예비 창업자이기 때문에 매출액이 존재하지 않아 작성하기 어렵다는 것은 십분 공감하지만 없다면 예상 수치를 현실적으로 만들어서 보여줘야 합니다. 사업성과 수익화 부분을 최대한 사전조사하고 정확하게 수치화하여 구체적으로 제시하여야 합니다. 지원사원 심사위원과 벤처캐피털의 투자 담당자는 가장 먼저 사업 계획서의 매출과 손익을 챙겨 봅니다. 왜냐하면 투자하는 입장에서는 그 사업에 대한 가치를 환산해야 하기 때문입니다. 얼마를 투입하면 얼마 만에 회수가 될 것인가. 얼마를 지원하면 얼마만큼 더 시장을 만들고 성장을 할 수 있을까. 그래서 매출 분석은 필수입니다.

세 번째, 비즈니스 모델은 단순하게 누구나 이해할 수 있어야 합니다. 비즈니스 모델이 복잡하면 복잡할수록 더 대단한 사업처럼 생각할 수 있지만 기업과 고객의 관계와 매출 구조를 하나의 그림으로 도식화할 수 있으면 비즈니스 모델입니다. 공급자－중개자－수요자와 같은 기본적인 형태라면 이를 바탕으로 서비스와 재화는 어떻게 움직이는지 한눈에 볼 수 있어야 하고 타당해야만 누구나 이 서비스가 실제로 런칭했을 때 이해할 수 있습니다.

믿을 것과 믿지 말아야 할 것을 구분해라

믿어야 할 것은 믿기로 한 동료이고, 믿지 말아야 할 것은 그 외 모든 것입니다. 예를 들면, 팀메이트 관계와 지분에 대해서는 말로 할 게 아니라 명확하게 명시하는 고용 계약서를 써야 합니다.

외주 계약을 예로 들면, 계약 이전의 화기애애한 분위기를 믿지 말아야 합니다. 계약 전에는 모든 개발사는 불화를 만들지 않습니다. 불화는 항상 계약 이후 작업 중에 발생합니다. 때문에 계약 전 테이블의 분위기보다는 계약서에 어떤 내용으로 작업 범위와 기간이 명시되어 있고 분쟁이 발생했을 시 어떻게 해결할지에 대한 내용이 언급되어야 합니다. 스타트업이 가장 실수하는 부분이 계약서를 쓸 때 법이 어렵고 복잡하다 보니 이해가 안 가는 계약조항은 그냥 넘어갈 때가 있는데 항상 문제는 그런 부분에서 시작되는 경우가 많습니다.

그리고 개인사업이라도 고용과 모든 구두계약은 정식으로 계약서를 써야 합니다. 사람을 믿을 때는 철저한 안전고리가 있어야 하고 대비해야 합니다.

끊임없이 공부하고 배워야 한다

스타트업을 시작한다면 법률을 먼저 알아야 합니다. 새로운 아이디어일수록, 그 아이디어가 한국표준산업분류Korea Standard Industrial Classification ; KSIC에 포함되지 않고 경계가 애매할수록 개정된 법률이 여러분의 사업을 한순간에 무너뜨릴 수 있습니다. 그렇기 때문에 기회가 된다면 기본적인 법률에 대한 상식과 교육을 받아야 합니다.

새로운 아이디어를 탐구하고 공부해야 합니다. 나만의 아이디어는 없습니다. 내가 생각했다면 누군가 세상 어디에서 똑같이 생각하고 있습니다. 저도 어릴 때부터 책과 잡학에 관심이 많아 아이디어를 쓰다 보니 쌓인 사업 계획서가 어느새 수백 개가 됩니다. 하지만 매년 연말에 아이디어를 정리하다 보면 새로운 아이디어의 절반 이상이 이미 누군가 준비하고 있거나 성공하여 밑줄을 긋습니다. 때문에 스타트업의 성공은 아이디어의 창의성보다는 빠르게 현실화시키고 수익을 내 시장을 가져가는 것입니다. 그 전까지는 오로지 독기와 신념으로 버티고 버텨야 합니다.

나가는 글

"하늘 아래 새로운 것은 없다"

영국 사상가 조지 버나드 쇼는 헤겔의 『역사철학강의』 서문을 인용하여 "우리가 역사에서 배울 수 있는 것이 인간은 역사에서 아무것도 배울 수 없다는 것이라는 점에서 헤겔은 옳았다"고 말했다.

역사는 늘 반복되고 있으므로 지금은 새롭게 느껴지는 모든 것들은 알고 보면 다 예전부터 있어 왔던 일에 불과한 경우가 태반이다. 역사를 통해 교훈을 얻어 계속되는 반복을 깨는 혁신을 만드는 일은 그래서 매우 어렵고, 혁신을 만들기 위해서는 지금 마주하고 있는 새로움들이 역사의 반복일 뿐이라는 사실을 먼저 파악해야 한다.

2018년 현재 '4차 산업혁명'의 흐름이 온 대한민국을 거닐고 있다. 기술의 눈부신 혁신이 산업 현장을 바꾸고 나아가 우리의 삶을 송두리째 뒤흔들 것이라는 기대감도 있지만, 그러나 '사람 모이는 곳에 돈이 모이고', '남들 대신 일해 줘야 지갑이 열리는' 기본적인 사업 원리에는 변화가 없어 보인다. '스타트업' 이전엔 '벤처기업'이라는 단어가 유행했고 의미상 SOHO[Small Office Home Office]도 쓰였지만 결국 '창업'에 지나지 않으며, 창업이 성공하기 위한 비결 역시 무수한 선배 사업가[Entrepreneur]들이 역사 속에 차곡차곡 쌓아두어 이 또한 새로울 것이 없다.

배움의 목적은 새로운 것을 만들어내는 것이 아니라 기존에 있는 지식의 새로운 면을 발견하는 것이며, 이를 위해 찾고 또 찾는다는 의미에서 연구를 영어로 Research(Re + Search)라고 한다는 이야기가 있듯, 하늘 아래 새로운 것이 없다고 하여 실망할 일은 아니다. 새로운 것은 없지만 이미 세상에 나온 것이 밤하늘의 별만큼이나 많아 경험하지 못했던 것들이 태반이고, 이미 알고 있던 별이라고 해도 어떤 망원경을 쓰느냐에 따라 모양이 달라지는 것을 볼 때 새로운 시각은 늘 중요하며, 계절마다 보이는 별자리가 다르듯 시시각각 바뀌는 트렌드는 분명히 존재한다. 창업가가 스타트업 성공 트렌드를 배우고 여러 사람들과 공유하며 자신의 지식을 확인하고 새로운 방식으로 생각해 봐야 하는 이유는 여기에 있다. 기존의 사업 구조를 깨는 혁신을 통해 소위 말하는 '대박'을 노리는 경우도 기존에 뭘 하고 있는지를 알아야 깨고 말고를 논할 수 있다는 점에서 트렌드를 배워야 하는 점은 마찬가지다.

창업하기 좋은 나라를 만들기 위해 국가정책이 집중되어 있고 언론마다 갖가지 창업성공신화와 최고경영자 인터뷰가 등장하고 있는 지금에도 청년 사업가를 사위, 며느리로 삼기 꺼려하는 사회풍조는 아직 대한민국에서 지워지지 않았다. '창업'이 '불안'과 동의어로 취급받는 현실은 멀쩡한 사장님들을 '도전자'로 만들고 있다. 하지만 현실로 다가온 100세 인생에서는 누구나 한 번은 창업을 해야만 한다. 취직은 순리이고 창업은 도전이라는 고정관념은 그래서 과거의 유물이 되어야 한다.

지금도 이미 대세지만 앞으로도 대세가 될 수밖에 없는 창업을 마무리까지 성공적으로 지을 수 있도록 모쪼록 이 책이 작은 보탬이 되었다면 그보다 더 큰 보람이 없겠다.

2018년 1월

KAIST 기술경영전문대학원 **이래형**

찾아보기

ㅇ

ㅈ

ㅊ

ㅋ

ㅌ

스타트업 인사이드

초판 1쇄 인쇄 2018년 2월 6일
초판 1쇄 발행 2018년 2월 12일

지은이 카이스트 기술경영전문대학원
펴낸이 박기남
책임편집 차은지
기획 · 영업 박정헌
펴낸곳 **율곡출판사**
08590 서울시 금천구 가산디지털1로 84(에이스하이엔드 8차), 803호
전화 (代) 02) 718-9872/3
팩스 02) 718-9874
홈페이지 http://www.yulgokbooks.co.kr
이메일 yulgokbook@naver.com
등록 1989.11.10. 제2014-000031호
ISBN 979-11-87897-28-6 93320

정가 17,000원